Murderous Maths: Murderous Maths of Everything

Text Copyright ⓒ Kjartan Poskitt, 2010
Illustrations Copyright ⓒ Rob Davis, 2010
All rights reserved.

Korean translation Copyright ⓒ 2019 by Gimm-Young Publishers, Inc.
Korean translation rights arranged with Scholastic Limited through EYA(Eric Yang Agency).

이 책의 한국어판 저작권은 EYA(Eric Yang Agency)를 통한 Scholastic Limited사와의 독점 계약으로 ㈜김영사에 있습니다.
저작권법에 의해 한국 내에서 보호를 받는 저작물이므로 무단전재와 무단복제를 금합니다.

앗, 이렇게 재미있는 수학이!

수학이 모두 모여 수군수군

샤르탄 포스키트 지음 | 로브 데이비스 그림 | 김재영 옮김 | 천무현 감수

끔찍한 수학

주니어김영사

브리짓, 메이지, 플로렌스, 둘시, 미란다,
마이클 존스, 롭 이스터웨이, 다이애나 킴튼에게 사랑과 감사를 전합니다.

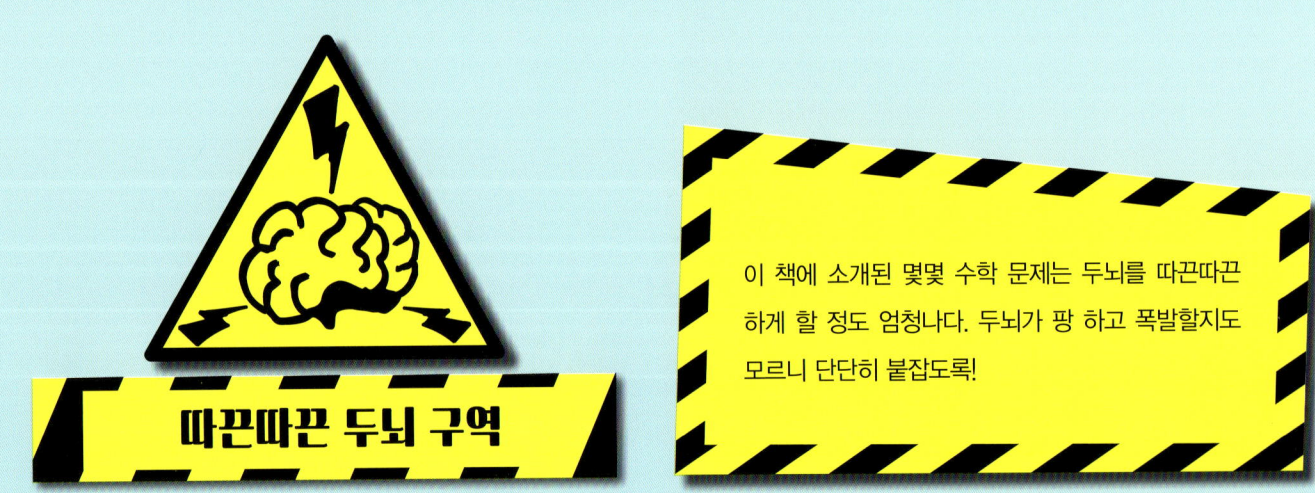

이 책에 소개된 몇몇 수학 문제는 두뇌를 따끈따끈하게 할 정도 엄청나다. 두뇌가 팡 하고 폭발할지도 모르니 단단히 붙잡도록!

이 책은 서로 연관된 것을 함께 살펴볼 수 있도록 괄호 안에 쪽수를 표시해 두었습니다.
쪽수를 따라 연관된 내용을 함께 살펴보세요!

차례

왕의 방문 ··· 6

숫자 금고 ··· 11

2500년 전 살인 미스터리 ··· 20

끝없이 이어지는 생일 ··· 25

세상에서 가장 오래된 3가지 문제,
드디어 끔찍한 수학으로 해결하다! ··· 31

무한한 꽃과 딱 맞는 달걀 ··· 38

안이면서 밖인 방 ··· 40

으스스한 곡선 ··· 45

골롬의 자 ··· 50

4차원의 오 엑스 ··· 52

완벽해지는 방법 ··· 56

음악의 음 ··· 63

무작위 생각 부서 ··· 67

내기에서 이기는 방법 ··· 74

리버보트 릴의 게임 안내서 ··· 83

호기심 체스 찬장 ··· 87

우주의 한 점 ··· 90

사악한 사실들 ··· 96

집으로 갈 시간 ··· 98

왕의 방문

끔찍한 수학 협회로 잘 왔어!

시간 맞춰 잘 왔군. 수상한 숫자, 이상한 모양, 속임수, 착시, 수수께끼로 이루어진 '끔찍한 수학 협회'의 창립 13주년을 축하하기 위해서 왕이 행차했어. 지금부터 '끔찍한 수학 빌딩'을 돌아 보는 여행을 시작할 거야. 숫자 금고, 여러 가지 방, 끔찍한 수학 연구실, 무작위 생각 부서 등 여러 곳을 둘러볼 거야.

답을 알려면 2를 63번 곱해야 하는데, 그것을 2의 63제곱이라고 불러. 모두 쓰면 이렇게 된다.

2^{63} = 2×2×2×2×2×2×2×2×2×2×2×2×2×2×2×2×2×2×2×2×2×2×2×2×2×2×2×2×2×2×2×2
×2×2×2×2×2×2×2×2×2×2×2×2×2×2×2×2×2×2×2×2×2×2×2×2×2×2×2×2×2×2

답은
9,223,372,036,854,775,808
페니다.

동전을 정육면체 모양 상자에 차곡차곡 쌓는다고 가정해 보자.

마지막 칸의 한 변의 길이는 약 18.5킬로미터 정도가 되어야 한다. 물론 정육면체라면 높이도 18.5킬로미터가 되어야 한다. 이것은 전 세계의 주요 도시를 움켜쥐고 커다란 더미로 쌓아 놓은 정도가 될 것이다. 동전의 무게는 30,000,000,000,000톤 이상이 되고, 이 도시들을 모아 놓은 것보다 더 무게가 나갈 것이다.

동전을 전부 한 줄로 길게 쌓으면 어떻게 될지 상상해 보자.

21번째 칸에는 100만 페니 이상이 쌓일 것이고, 높이는 약 1.6킬로미터이다.

39번째 칸에 쌓는다면 달까지 갈 수 있다.

49번째 칸에 놓인 동전을 한 줄로 쌓으면 태양까지 갈 수 있는 거리이다.

64번째 칸까지 쌓는다면 높이가 1.5광년 정도 될 것이다 (광년에 대해서 궁금하다면, 94쪽을 보자)!

큰 숫자만 문제를 일으키는 게 아니다. 아주 작은 숫자들은 예쁘고 귀여워 보이지만 가끔씩 녀석들이 엄청난 골칫거리가 될 수도 있다. 그것이 바로 숫자를 숫자 금고 안에 넣고 잠가서 안전하게 보관해야 하는 이유다.

숫자 금고

끔찍한 수학 금고 아래에는 모든 종류의 숫자가 있다. 당장 그것들 가운데 몇몇을 만날 수 있지만, 먼저 그중에서 가장 강력한 숫자에 대해서 경고해 두는 것이 좋겠다.

끔찍한 숫자 1!

가장 작은 숫자 1은 누구에게도 해를 끼치지 않을 것이라고 생각할 것이다. 하지만 1은 가장 강력한 숫자이다. 다른 모든 숫자는 결국 1을 계속 더해 나간 수일 뿐이다. 가장 큰 수가 무엇인지는 절대 알 수 없다. 왜냐하면 다음 수에 계속 1을 더하면 끊임없이 더 큰 수를 만들 수 있기 때문이다. 거대한 숫자를 만드는 신나는 방법을 알고 싶다면 파스칼의 삼각수를 보면 된다(자세히 알고 싶다면, 74쪽을 보자). 그것은 1을 더하는 것부터 시작되는데 갑자기 쾅! 정말로 끔찍한 숫자가 나온다.

상점들도 1이 없다면 곤란해진다. 만약 1페니 동전이 없다면 사람들에게 거스름돈을 정확하게 내줄 수 없을 테니 말이다.

악마 같은 1의 힘은 너무 강력해서 심지어 조그행성의 악마 골락마저도 1이 없으면 힘을 쓸 수가 없다.

홀수, 짝수, 그리고 좀 더 끔찍한 것들

홀수는 항상 1, 3, 5, 7, 9로 끝나고 짝수는 2, 4, 6, 8, 0으로 끝난다. 어떤 짝수에 1을 더하면 바로 홀수로 변하는데, 이것이 바로 1이 끔찍하게 변신하는 더할 나위 없는 기회가 된다.

테니스 클럽에 막 도착한 퐁고 맥위피는 자신을 포함한 사람들 수가 짝수라는 것을 알게 되었다. 짝수는 언제나 2로 나눌 수 있고, 그 말은 남는 사람 없이 모든 사람이 짝을 이루어 경기할 수 있다는 말이다. 그래서 끔찍하도록 사랑스러운 베로니카 검플로스가 혼자 서 있다는 것은, 퐁고에게는 정말로 좋은 소식이다.

만약 사람 수가 홀수일 때 짝을 나눈다면 항상 누군가를 남겨 두어야 한다. 퐁고는 끔찍한 1의 희생자가 되어 버렸다.

> 하하! 안녕? 나의 충성스러운 팬들이여.

> 오, 안 돼! 곰팡이 핀 양배추 냄새가 바닥에서 풍겨 오는데… 조심해!

이것은 완전히 다른 종류의 끔찍한 1이다. 사악한 찰거머리 박사! 최대의 적인 그가 사악한 퍼즐과 함께 나타났다. 조심해, 틀림없이 교활한 속임수가 숨어 있을 테니까.

송로, 찰거머리 박사의 애완 돼지.

> 동전 아홉 개를 가지고 와서 앞면이 네 개, 뒷면이 다섯 개 보이게 늘어놓아. 내가 여기에 한 것처럼 똑같이 말이야. 그리고 그것들을 전부 앞면이 보이도록 뒤집어 봐. 하지만 반드시 내 규칙을 따라야 해.

- 원하는 만큼 얼마든지 뒤집을 수 있다.
- 뒤집을 때마다 2개의 동전을 뒤집어야 한다.
- 이번에 뒤집었던 동전을 다음번에 바로 또 뒤집을 수는 없다.*

이렇게 끔찍할 수가! 이 퍼즐은 도저히 풀 수 없는 것인데, 왜 그런지 알 수 있겠지? 뒷면이 다섯 개 보이게 놓여 있다. 우리는 뒷면의 개수가 0이 되게 만들려고 한다. 그런데 0은 짝수이다. 우리가 한 번에 뒤집을 수 있는 동전은 두 개라서 홀수 개인 동전의 뒷면을 짝수로 만들 수 없다. 만약 다른 누군가에게 이 속임수를 쓰고 싶다면 동전은 몇 개이든지 관계가 없지만 반드시 뒷면의 개수는 홀수로 시작해야만 한다.

> 마지막에 * 표시가 되어 있는 규칙은 아무 의미도 없어. 그냥 혼란스럽게 하려는 낡은 수법이지.

> 나는 악마야, 하하하.

끔찍한 숫자 1로 싸움을 시작하는 방법

사막의 아름다운 일요일 낮, 독수리는 하늘 높이 날아오르며 바위 위에서 죽어가고 있는 뱀들을 흐뭇하게 내려다보고 있었다. 먼고이드는 도끼맨 우르굼과 소름 돋는 그리젤다와 함께 수북이 쌓여 있는 거북이 꼬리 과자를 나누고 있었다. **셋은 피에 굶주린 무자비한 야만인들**이라서 꼬리는 반드시 공평하게 나누어야 했다. 그렇지 않으면 끔찍한 싸움이 일어날 테니까.

먼고이드가 꼬리 과자를 사람 수에 맞게 세 더미로 딱 나누었을 때 **민머리 훈자**가 나타났다. 그래서 먼고이드는 그것을 다시 네 더미로 나누었다. 한 번 더 딱 맞게 나눈 것이다. 그런데 이번엔 **정신없는 징**이 나타났다. 꼬리 과자의 수는 그대로였지만 놀랍게도 다섯 더미로 나눌 수 있어서 아무도 다툴 필요가 없었다.

그들이 막 과자를 먹으려고 할 때 멍청하게도 점박이 거북이가 어슬렁거리며 지나갔다. 우르굼은 지나가던 거북이 꼬리를 잘라서 과자 더미에 보태었다.

그러자 꼬리 과자는 다섯 더미로 나누어지지 않게 되었고, 그 순간 바로 그들은 각자의 무기로 손을 뻗었다. 그런데 그때 징이 일어섰다. 두부를 사 오라는 엄마의 심부름이 생각났기 때문이다. 징이 떠난 후 먼고이드는 꼬리를 네 더미로 나누려고 했지만 할 수가 없었다. **힘센** 우르굼이 모두를 공격하려고 뛰어올랐다. 하지만 훈자 덕분에 싸움을 피할 수 있었다. 훈자는 익지 않은 거북이 꼬리는 매우 역겹다는 것을 깨닫고 순순히 라즈베리 요거트를 찾으러 가 버렸다.

먼고이드는 다시 꼬리를 세 더미로 나누려고 했다. 하지만 똑같이 나눌 수가 없었다. 우르굼이 도끼를 꺼내 들었다. **그리젤다는 자신의 검을 움켜쥐었다.** 먼고이드도 망설이지 않고, 자신의 전투 망치를 꺼내 들었다. 완벽했던 소풍은 전투로 끝이 났다. 이 모든 것은 바로 끔찍한 숫자 1 때문이었다.

이들은 왜 싸우게 된 걸까?

먼고이드는 거북이 꼬리 60개에서 시작했다. 60은 정확히 20개씩 3묶음으로 나눌 수 있다. 또한 15개씩 4 묶음으로 나눌 수 있고, 12개씩 5묶음으로도 나눌 수 있다. 그리고 원한다면 2, 6, 10, 30으로 나눌 수 있다. **60은 굉장히 친근하고 도움이 되는 숫자**이다(1분이 60초이고, 1시간이 60분으로 되어 있는 것도 그런 이유 때문이다).

그런데 우르굼이 꼬리 1개를 더 보태서 61이 되었다. 61은 60과는 매우 다른 숫자이다. **61은 끔찍한 소수이다.** 이 말은 61은 1과 자기 자신 61 외에는 아무것으로도 나눌 수 없다는 말이다. 먼고이드가 꼬리를 나눠 줄 58명(먼고이드 포함 61명이 될 때까지)을 더 데려올 때까지 계속 싸워야만 할 것이다.

소수가 여러분을 영원한 스타로 만드는 방법

소수는 찾는 방법이 알려진 이후에 사람들을 계속 미치게 만들고 있다. 우리의 소수 워크샵 회장 출입문 앞에는 소수의 종류를 찾으려 했던 고대 그리스인의 조각상이 서 있다.

그것 참 이상한걸! 피타고라스는 에라토스테네스가 태어나기 200년 전에 죽었는데…. 이 이름은 뭐지? 그리고 저 발자국은 누구 거야? 발자국은 나중에 따라가 보고, 여러분에게 보여 줄 발명품을 가져와야겠다. 우리만의 특별한 에라토스테네스의 체로 100까지의 모든 소수를 알아낼 수 있다.

에라토스테네스의 체

■ 2로 나누어 떨어지는 수 ■ 5로 나누어 떨어지는 수
■ 3으로 나누어 떨어지는 수 ■ 7로 나누어 떨어지는 수

* 만약 에라토스테네스의 팬이라면, 39쪽을 보자.

정사각형 모양의 칸에 숫자를 써넣고 우리는 한 칸 한 칸 차례대로 작업을 해 나갈 것이다. 먼저 숫자 2부터 시작해서 다음 두 번째 칸을 초록색으로 계속 칠해 나간다(그러니까 4, 6, 8 등등). 다음으로는 숫자 3으로 가서 다음으로 나오는 세 번째 칸마다 모두 파란색을 칠한다(그러니까 6, 9, 12, 15…). 만약 그 칸이 칠해져 있다면 그대로 둔다. 이제 숫자 4로 가 보면 4는 이미 칠해져 있다. 숫자 5로 옮겨 가서 모든 5번째 칸마다 빨간색으로 칠한다. 그 다음 숫자 6은 이미 칠해져 있으므로 건너뛴다. 이제 숫자 7을 칠할 차례이다. 모든 7번째 칸은 사랑스러운 자줏빛으로 칠한다(보통의 책은 보라색이라고 말하겠지만 우리는 우리가 하고 싶은 방식대로 할 것이다). 맨 윗줄의 끝까지 다 다랐다면 멈춰도 된다. 이것이 바로 에라토스테네스 방식의 가장 우수한 점이다. 우리는 이미 100까지의 모든 수를 다 칠했기 때문에 소수를 쉽게 구분할 수 있다.

우리가 숫자 1부터 시작했다면 모든 수는 1로 나누어지므로 모든 칸이 같은 색으로 칠해져 있을 것이다. 여기서 수천 년 동안 이어져 온 중요하면서도 무의미한 논쟁을 소개하겠다. 숫자 1은 소수일까? 아닐까? 숫자 1은 소수인 것 같지만 소수가 아니다.

지금까지는 괜찮았지만 소수가 쓰인 흰색 칸이 온통 흩어져 있는 것이 보일 것이다. 소수를 규칙에 따라서 쓸 수 있는 방법을 찾을 수 있을까? 규칙은 아무것도 없는 건가? **사람들은 절망에 빠졌다!**

아무도 이 문제를 아직 해결하지 못했는데, 해결할 뻔한 사람이 있었다. 1963년에 스타니슬라브 울람이라는 아주 똑똑한 녀석이다. 그는 회의 중에 낙서를 하고 있었다. 그러다 숫자를 나선형 모양 위에 써 보고 소수들이 어떤 모양이 되는지 보기로 했다(그 회의는 틀림없이 아주 지루했을 것이다). 소수 중 많은 것이 대각선 방향으로 모여 있었다. 그것을 본 사람들은 조금 흥분했다. 하지만 보시다시피 그렇게 멋지지는 않다. 이 표에서 한 줄로 이어진 소수가 있어서 사람들은 조금 행복해했다. 그 줄은 5, 19, 41, 71, 109라서 규칙이 있는 것처럼 보인다. 하지만 격자판을 좀 더 크게 만들면 다음 수는 155가 되어야 하는데, 155는 5로 나누어진다.

해 봐, 어서! 에라토스테네스는 2000년 뒤에까지 그의 이름을 남겼지만, 만약 여러분이 소수의 패턴을 알아낸다면 그 이름은 더 오랫동안 남게 될 것이다.

따끈따끈 두뇌 구역

컴퓨터 코드를 망가뜨릴 수 있어?

우리는 에라토스테네스의 체로부터 두 소수를 곱한 값이 6,497이 된다는 것을 알았다. 이때 두 소수가 어떤 숫자인지 알 수 있는가? 바로 대답하기 어려울 것이다. 책장을 넘겨 보면 컴퓨터 코드를 만들기 위해 소수를 어떻게 이용하는지 알 수 있다.

소수로 피자 값을 지불하는 방법

소수는 계산을 사랑하는 사람들만을 위한 무의미한 것이라고 생각할지도 모르겠다. 하지만 소수는 코드에도 무척 쓸모가 있다. 큰 소수를 두 개 곱한 다음 그 답을 누군가에게 알려 주더라도 그 두 소수가 어떤 수였는지 알아내기는 무척 어렵다.

베로니카가 그녀의 신용카드 번호를 인터넷상에서 입력하면 그녀의 컴퓨터는 시스템에서 두 소수를 곱한 값을 수백자리 숫자로 만들어서 카드 번호를 보안 처리한다.

퐁고의 컴퓨터는 그 숫자를 어떻게 다시 풀어낼까? 만약 누군가가 베로니카의 신용카드 번호를 알아내려면, 그 두 소수가 무엇이었는지 알아내야 한다. 아주 훌륭한 컴퓨터라고 해도 그것을 알아내는 데는 수천 년이 걸릴 수 있다.

컴퓨터 코드의 답:

73 × 89 = 6,497
만약 아주 큰 소수들을 곱했다면 계산 결과만 보고 어떤 수를 곱했는지 알아내는 데 시간이 얼마나 걸릴지 생각해 봐.

소수를 이용해 천적을 피한 매미

우리의 숫자 금고에 왜 잠자는 벌레가 있는지 궁금할 것이다. 이것은 보통 벌레가 아니라 북아메리카 매미다. 크기는 사람 손가락만 하지만 지구상에서 소수를 사용하는 가장 영리한 창조물 중 하나다.

북아메리카 매미 중에는 땅속에서 살다가 13년 또는 17년에 한 번씩 나오는 매미가 있다. 2004년 5월, 17년 만에 매미 한 무리가 나타났는데 몇 주 동안을 큰 소리로 울면서 알을 낳고 살다가 그대로 떨어져 죽었다. 그 전에는 1987년에 나타났고, 2021년에 다시 돌아올 것이다. 이 놀랄 만한 일은 17년 간격으로 나타나는데 바뀌는 법이 없다. 이것이 매미들이 살아남는 이유이다(17은 1과 17로만 나누어지는 소수이다).

생애 주기가 3년 간격인 매미의 천적이 있다고 하자. 그들은 생애 첫해에 매미를 먹으면서 종족을 보존할 수 있다. 만약 매미가 6년마다 나타나면 천적의 다음 세대는 매미를 잡아먹으면서 종족을 보존할 수 있다. 천적에게는 좋은 소식이지만 매미에게는 나쁜 소식이다.

만약 매미가 소수를 사용하지 않는다면 어떻게 될까?

매미의 생애 주기가 10년이라면 매미의 천적들은 생애 주기가 2년이나 5년일 때 적절한 수를 유지하면서 대를 이어나갈 수 있다. 이것이 바로 매미가 영리하게도 꽤 큰 소수를 생애 주기로 선택한 이유이다. 17년의 생애 주기를 갖는 천적이 아닌 다음에야, 매미를 잡아먹을 방법이 없다. 천적이 매미를 괴롭히려면 17년을 기다려야만 하는 것이다!

한 가지 더 놀라운 사실은 17년의 생애 주기를 가진 매미는 13년의 생애 주기를 가진 매미와 먹이 경쟁을 하지 않는다는 것이다. 13년의 생애 주기를 가진 매미와 17년의 생애 주기를 가진 매미가 동시에 태어날 수 있는 경우는 221년마다 한 번씩이다. 이렇게 매미는 천적에게 잡아먹히지 않고, 서로 치열한 먹이 경쟁을 피하기

위해 수학을 이용했다.

매미에 관한 섬뜩한 사실

2004년, 매미가 떼를 지어 나타났을 때

- 10,000,000,000,000마리의 매미. 이것은 지구상 인간 1명당 1,500마리이다.

- 매미들 무게의 합은 미국 전체 인구의 몸무게를 합한 것의 두 배였다.

- 매미들의 응가를 합하면 300개의 올림픽 규격 수영장을 채울 수 있었다.

- 1제곱미터에 약 25마리의 매미가 있었다. 나무들, 공원들을 완전히 뒤덮었다.

- 매미들은 약 500조의 알을 낳았다. 누군가의 계산에 따르면 숲 1제곱마일에는 은하수에 있는 별만큼이나 많은 매미의 알들이 있었을 것이라고 한다.

2500년 전 살인 미스터리

이야기가 여기서 시작되는군.

삼각수 그리고 사각수

저 발자국(16쪽의 발자국이다)! 위대한 탐정 셜록 홈스가 그 흔적을 쫓아서 지하실 가장 어두운 구석까지 왔다. 셜록 홈스는 2500년 전에 일어났던 살인 사건의 미스터리를 해결하기 위해 노력하고 있다.

동전 한 무더기가 있다면(또는, 보드 게임에 쓰는 카드나 대포알 아니면 다른 어떤 것) 그것을 각각 다른 크기의 삼각형 모양으로 늘어놓을 수 있다. 각 모양을 만들기 위해 필요한 동전 수가 바로 삼각수이다(첫 번째 삼각형은 동전 하나로 만드는 것이라서 그리 큰 삼각형이 아니다). 다섯 번째 만들어지는 삼각형은 포켓볼(당구의 일종)에서 공을 놓는 모양과 똑같은 모양이다.

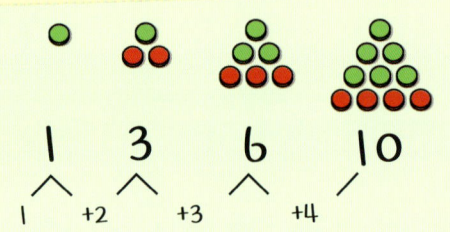

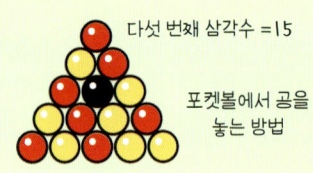

다섯 번째 삼각수 =15

포켓볼에서 공을 놓는 방법

여기를 보면 파스칼의 삼각형에서 삼각수가 얼마나 신기하게 나타나는지를 알 수 있다(잘 모르겠다면, 81쪽을 보자).

삼각수를 구하기 위해서는 먼저 1에서 시작해서 1에 2를 더한다. 또 그 수에 3을 더하고, 또 그 수에 4를 더하는 식으로 계속하면 된다.

이제 우리는 동전으로 정사각형을 채울 것이다. 어떤 수를 두 번 곱함으로써 우리는 사각수를 만들 수 있다. 이것은 2를 작게 써서 나타낸다. 예를 들어 $3^2 = 3 \times 3 = 9$

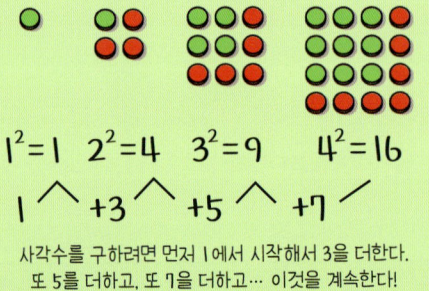

이런 것들이 멋있어 보일지 모르겠지만 곧 어떤 사람이 보트 위에서 살해되는 걸 보게 될 거야.

사각수를 구하려면 먼저 1에서 시작해서 3을 더한다. 또 5를 더하고, 또 7을 더하고… 이것을 계속한다!

첫 번째 단서!

이 속임수를 발견하기 전까지는 이 숫자들에 이상한 부분이 없다고 생각했어.

1. 동전을 삼각형이나 사각형 모양으로 늘어놓아 본다.
2. 동전 2개를 덜어 낸다.
3. 남은 동전은 결코 세 더미로 만들 수 없다.

21−2 = 19 이것은 3으로 나누어 떨어지지 않는다.

16−2 = 14 이것도 3으로 나누어 떨어지지 않는다.

가능한 수가 있는지 직접 찾거나 친구들에게 찾으라고 할 수 있다. 하지만 가능한 삼각수나 사각수를 찾기 위해 수십 년을 보내게 될 뿐, 가능한 것은 하나도 없을 거야!

그때 나는 숫자가 사람을 죽일 수도 있다는 걸 깨달았어!

숫자가 사람을 죽이는 방법

어떤 사람들은 간단한 숫자로 좋아하는 것은 무엇이든 만들 수 있다고 생각한다. 숫자들이 그것을 거부하면 그들은 매우 화가 난다! 여기 사건의 원인이 되는 문제가 있다. **어떤 사각수가 있는데 그것을 두 배로 만들면 사각수가 되지는 않는다.** 예를 들어 5^2을 2개 더하면 7^2에 거의 가까운 수를 구할 수 있다.

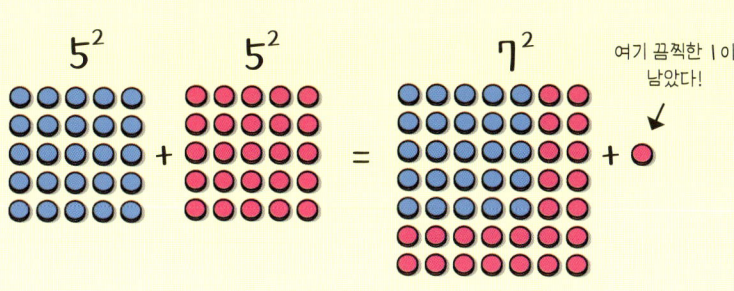

피타고라스는 수학계에서 유명한 거물 스타 중 한 명이었다. 그는 기원전 5세기 초에 죽었는데, 여기저기를 뛰어다니면서 코를 킁킁거리는 걸 보면 신기할 것이다(여러분도 그가 이상한 사람이라 생각할 것이다. 그는 숫자를 숭배하는 추종자들을 거느리고 있었는데, 그들은 콩을 먹으면 안 되었다).

피타고라스의 끔찍한 규칙

피타고라스는 수학 문제라면 뭐든지 해결할 수 있다고 생각했다. 그가 이룬 가장 유명한 수학적 업적 가운데 직각삼각형과 관련된 것이 있다. 직각은 정사각형의 구석과 똑같은 모양이라서 우리가 직각을 표시할 때도 보통 정사각형의 구석 모양으로 표시한다.

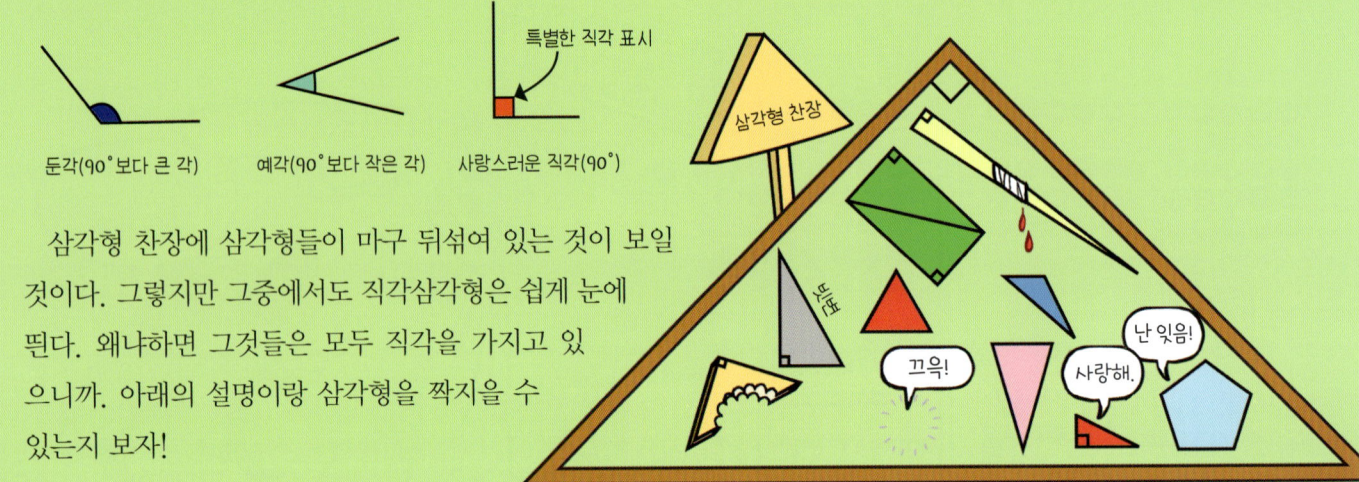

삼각형 찬장에 삼각형들이 마구 뒤섞여 있는 것이 보일 것이다. 그렇지만 그중에서도 직각삼각형은 쉽게 눈에 띈다. 왜냐하면 그것들은 모두 직각을 가지고 있으니까. 아래의 설명이랑 삼각형을 짝지을 수 있는지 보자!

1. 직각삼각형이라고 붙여진 것 중에서 가장 긴 변을 빗변이라고 한다.
2. 부등변 삼각형: 모든 변의 길이가 다르다.
3. 직각이 없는 이등변삼각형. 이등변이란 두 변의 길이가 같은 것을 말한다.
4. 직각이등변삼각형(힌트: 이 삼각형은 다른 삼각형들보다 통통하다).
5. 예의 없는, 보이지 않는 삼각형.
6. 직각 샌드위치 삼각형.
7. 부상당한 매우 길쭉한 직각삼각형.
8. 두 개의 직각삼각형이 직사각형을 만들었다.
9. 정삼각형: 세 변의 길이가 모두 같다.
10. 귀여운 작은 직각삼각형: 이것은 오각형을 꾸민다.

보시다시피, 삼각형은 약간 골치 아픈 것들도 있지만 피타고라스는 모든 직각삼각형이 따르는 규칙을 찾아냈다!

조금 헷갈리지만 확인하기는 쉽다. 만약 삼각형의 세 변이 3센티미터, 4센티미터 그리고 5센티미터라면 그것은 틀림없이 직각삼각형이다. 이 삼각형을 그리고 나서 각 변에 큰 정사각형을 그려 보자. 그리고 그 정사각형을 각각의 작은 정사각형들로 나눌 수 있는데, 어떻게 되는지 살펴보자.

피타고라스는 직각삼각형의 가장 긴 변의 정사각형은 다른 두 변의 정사각형을 더한 것과 크기가 같다고 했다. 각 변의 작은 정사각형들을 세어서 더해 보거나 숫자를 사용하면 직접 확인해 볼 수 있다.

이 규칙을 피타고라스의 정리라고 하는데, 3-4-5처럼 직각삼각형을 만드는 수의 모임을 '피타고라스 수'라고 부른다.

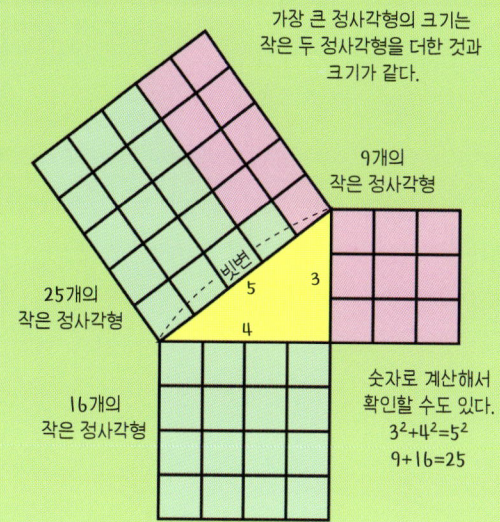

피타고라스 수를 만드는 방법

1. 아무 홀수나 하나 고르자. 그 수는 삼각형의 짧은 변이 될 것이다. 아까 골랐던 홀수를 제곱하여 만든 큰 정사각형을 작은 정사각형 조각(한 변이 1)으로 나눈다.

2. 작은 정사각형 조각이 한 조각 더 많도록 두 부분으로 나눈다.

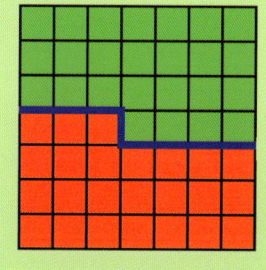

3. 두 부분으로 나뉜 정사각형이 각각 몇 조각인지 센다. 정사각형 조각의 수가 직각삼각형의 다른 두 변이 된다.

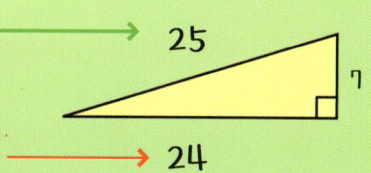

4. 이렇게 간단하게 구할 수 있다는 것이 믿어지지 않는다면 확인해 보자.

$$7^2 + 24^2 = 25^2$$
$$49 + 576 = 625$$

피보나치 수를 이용해서도 세 수의 세트를 만들 수 있다.
(궁금하다면, 60쪽을 보자).

피타고라스는 그 답이 1과 2사이의 어떤 수임에 틀림없다는 것은 알았지만, 정확하게 구할 수는 없었다(그리고 답은 1.5가 아니다! 이유는 나중에 알게 될 것이다.).

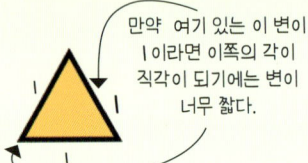

만약 여기 있는 이 변이 1이라면 이쪽의 각이 직각이 되기에는 변이 너무 짧다.

만약 이 변이 2라면 너무 길어진다! 삼각형이 너무 길쭉해져서 두 변이 만나더라도 납작하게 달라붙는다.

뭐가 잘못된 거지? 피타고라스는 두 변의 길이가 같은 직각삼각형은 어떤 것이라도 세 번째 변의 길이를 바로 알 수 없다는 것을 알아냈다!

이것이 바로 여러분이 제곱수를 두 배했을 때 또 다른 제곱수를 결코 구할 수 없는 이유이다. 이걸 기억하겠지(기억이 잘 나지 않는다면, 21쪽을 보자)?

이 삼각형에서 두 변은 모두 2

짧은 두 변에 있는 작은 정사각형을 모두 더하면 4+4=8

8은 제곱수가 아니다. 따라서 8개의 작은 정사각형을 큰 정사각형 안에 딱 맞게 그릴 수가 없다.

"그리고 피타고라스가 정확한 답을 구할 수 없다는 것을 깨달았을 때…"

"우리가 돌아올 때까지 기다려. 네가 이 조그만 삼각형 문제도 해결하지 못한다고 알리고 올 테니까."

"만약 히파수스가 저걸 떠벌린다면, 난 망하는 거야!"

"보트 파티는 이제 더 이상 없는 건가?"

"그럼 히파수스가 입을 다물도록 하는 게 좋은 것 아닐까?"

여기 히파수스의 죽음에 대한 답이 있다.

"피토, 히파수스는 어디에 있나?"

"물고기 밥이 되고 있을 거야!"

"흐흐."

따끈따끈 두뇌 구역

넓이 = 2
넓이 = 1
넓이 = 1
변의 길이 = √2

히파수스가 작은 삼각형을 그렸을 때, 피타고라스의 정리에 따르면, 빗변에 있는 정사각형의 넓이는 1+1=2이다. 이 정사각형의 한 변의 길이를 알려면 어떤 수를 2번 곱해서 2가 되는 수를 찾아야 한다. 이것이 바로 제곱근 2라고 불리는 수이고, 이것을 계산기로 계산해 보면 이렇게 나온다.
1.414213562373…

"그리고 이 이야기는 수학 역사에서 가장 끔찍한, 실제로 있었던 이야기라는 것!"

끝없이 이어지는 생일

많은 사람이 시간의 흐름을 바꾸어 보려고 노력했다. 이번에는 경찰서 파일에 오랫동안 감춰져 있던 하나의 보고서를 살펴보자.

도시: 미국 일리노이 주 시카고
날짜: 1931년 6월 3일

장소: 어퍼 메인 거리, 루이기 식당
시간: 오후 2시

점심시간은 끝났고, 계산대 뒤에 있는 쓰레기통에는 여러 가지 색깔 리본과 앙증맞은 봉투, 예쁜 포장지들이 튀어나와 있었다. 웨이터 베니는 남아 있는 파스타 소스를 긁어 버리고 나서 남아 있는 손님이 얼마나 있는지 둘러보았다. 늘 그랬듯이 어디에도 갈 데가 없는 한 그룹만이 남아 있었다. 베니는 그들을 재촉하는 것이 위험하다는 것을 알고 있었다. 베니는 그들이 문제를 일으키지 않기만 바랄 뿐이었다.

"1년 더 있어야겠구나."

돌리 스노립스는 자신과 함께 가운데 테이블에 둘러 앉아 있는 일곱 명의 수상한 남자들을 바라보았다. 그들은 뭔가 불편하다는 듯이 옷 매무새를 고치고 있었다.

"그래서 돌리, 너는 생일 선물이 마음에 들어? 그거 향수야."
검정색 양복을 입은 남자가 말했다.
"물론이지, 면도날."
돌리가 대답했다.
돌리는 테이블 위에서 예쁜 작은 병을 집어 들더니 병에 붙은 라벨을 읽었다.

"미드나잇 데이지 향수, 진짜 친절한."
돌리가 향수병을 테이블에 내려놓았다.
"내 선물을 보면 분명히 놀랄 거야."
"그래, 놀랄 거야. 확실해."
"내 선물은 어때? 그것도 놀랄 만하지?"
모두 한결같이 말했다.
"어디 보자."
돌리는 그녀 앞에 줄지어 놓인 작은 병들을 보며 말했다.
"향수, 향수, 향수, 향수, 향수 그리고 향수. 향수가 일곱 병이군. 그래, 너희는 내가 놀랄 거라고 말할 수밖에 없어."

"훌륭하다고?"
돌리는 짜증을 냈다.
"너희는 내가 아직도 나쁜 냄새를 풍기기 때문에 향수가 일곱 병이나 필요하다고 생각한 거야!"
돌리가 손에 쥐고 있던 병으로 테이블 위를 쾅 내리치자 병은 산산조각이 났다. 깜짝 놀란 베니가 쓰레기통으로 쿵 처박혔다. 그리고 카운터 뒤쪽 문이 열리며 레스토랑 주인 루이기가 뛰어들어 왔다.

"무슨 일이야? 총소리가 났어! 계산을 할 때까지는 총을 쏘지 말라고 저 녀석들에게 말했는데."

루이기가 소리쳤다.

"미안, 루이기. 그건 총소리가 아니었어. 내가 향수병을 내리쳤어."

돌리가 말했다.

"너를 탓하진 않아."

루이기가 픽 웃으며 말했다.

"미드나잇 데이지 같은 냄새를 풍기는 남자들 무리에 둘러싸여 있었다면 나도 내리쳤을 거야."

루이기가 차가운 스파게티 소스와 귀여운 리본 모양 파스타를 한입 가득 문 채 대답했다.

"오늘은 돌리 스노립스 양의 생일이라고."

루이기는 쓰레기통에 거꾸로 처박혀 있는 베니의 다리를 힐끔 보았다.

"나도 돌리를 위해서 선물을 가져왔어."

루이기가 말했다.

"오, 안 돼!"

일곱 명의 수상한 남자가 모두 자리에서 일어나 돌리로부터 뒷걸음질을 치며 소리쳤다.

"향수는 절대 안 돼!"

"향수? 선물은 케이크야. 엄마에게 저녁 인사를 하고 나서 바로 가지고 나올게."

루이기는 뒤쪽 방으로 사라졌다.

"진정하고 모두 앉아."

돌리가 말했다.

"너희가 최선을 다했다는 건 알아. 하지만 이번 생일은 정말 실망스러워."

"난 생일이 좋아."

삽겹살 포키가 냅킨을 옷깃 사이로 넣고는 입술을 쓱 닦았다.

"그럼, 보통 점심을 먹고는 뭘 먹었던 거야?"

전기톱 찰리가 말했다.

"이 친구는 보통 점심을 먹고 나서 바로 점심을 또 먹지."

반쪽 웃음 가브리아니가 빈정거렸다.

"들었거든!"

포키가 모자에 감춰 놓았던 날카롭게 간 피클 포크를 꺼내면서 소리쳤다. 가브리아니는 눈 깜짝할 사이에 새총을 꺼냈고, 찰리는 펄쩍 뛰어오르면서 소맷자락에서 전기톱을 꺼냈다.

외손가락 지미가 총을 꺼냈다. 지미는 손가락이 하나밖에 없지만, 방아쇠는 순식간에 당길 수 있었다. 그들은 모두 무기를 내려놓았다.

"오늘은 돌리의 생일이고, 생일을 망쳐서 기분이 안 좋은 돌리를 걱정하고 있다는 걸 보여 줘야 해. 우리도 같이 기분이 안 좋아야만 한다고."

"고마워, 지미."
돌리가 말했다.
"하지만 생일이 그렇게 나쁘지는 않았어. 이제 밤이 오고 있고, 그러면 내일이 오겠지, 그러고 나면 다음 날이 되고, 이제 더 이상 생일이 아니야. 그러면 나는 한 살 더 먹는 거지. 나는 생일이 끝없이 계속되면 좋겠어."

"잠깐만! 루이기가 엄마한테 저녁 인사하러 간다고 했는데, 지금은 점심시간이야. 어떻게 된 거지?"
위즐이 물었다.

"루이기는 전화 통화 중이야."
쓰레기통에서 몸을 일으킨 채 스푼으로 귀에 있는 스파게티 소스를 퍼내고 있던 베니가 말했다.

"루이기의 엄마는 유럽에 살고 있고, 거기는 지금 한밤중이야."

"여기는 점심시간인데 거기는 저녁이라는 거지?"
포키가 중얼거렸다.

"왜, 안 돼?"
반쪽 웃음 가브리아니가 비웃으며 말했다.
"그렇다면 어떤 곳에서는 한밤중인데, 너는 여전히 점심을 먹고 있다는 말이군."

베니가 스파게티를 한 가닥 뱉어내며 말했다.
"어떤 사람들에게는 낮 시간이고, 어떤 사람들에게는 밤 시간이군."
블레이드가 손가락을 딱 튀겼다.

"베니, 넌 정말 천재야!"
블레이드는 활짝 웃으며 말을 이었다.
"어떻게 하면 돌리 생일이 끝없이 돌아오게 할 수 있는지 알게 됐어! 멜론 좀 줘 봐, 칵테일용 우산하고, 전등도."

블레이드는 멜론에 네 개의 칵테일용 우산을 꽂아서 테이블에 놓았다. 그러고는 낮과 밤이 어떻게 작동하는지 보여 주었다.

"멜론은 지구, 그리고 이건 우리가 북극 위로 몇 조 마일을 떠다녀야 볼 수 있는 것을 보여 주는 장치야. 태양으로부터 나오는 빛은 오직 행성의 반쪽만 비추지. 네 개의 칵테일 막대기는 네 사람을 대표하는 거야. 그리고 멜론이 회전하면서 그들은 빛 속으로 들어갔다가 다시 나오고는 하지."

지구가 회전할 때는 무슨 일이 일어날까?

햇빛 → 이 녀석은 그저 태양을 보기 시작할 뿐이야. 그러니까 아침 시간.

태양은 이렇게 돌고 있다.

북극

이 녀석은 머리 위로 태양이 지나간다. 그러니까 점심시간. 미국에 있는 루이기의 식당이 있는 곳.

이 녀석에게는 태양이 거의 지평선 아래로 사라지고 있다. 그러니까 저녁 시간. 루이기의 엄마가 살고 있는 유럽이다.

이 녀석은 전혀 태양을 볼 수 없으므로 한밤중이다. 날짜가 바뀌는 때이다.

"다 잘됐군, 블레이드."

위즐이 말했다.

"하지만 밤이 돌아오고 날짜가 바뀌는 걸 멈추게 하려면 우리는 지구가 돌지 못하게 해야 해."

돌리가 중얼거렸다.

"믿을 수가 없어. 블레이드가 지구가 움직이지 않게 한다고 약속했다니."

돌리가 고개를 갸웃거렸다.

"그게 아니야,"

블레이드가 말했다. 블레이드는 장난감 자동차를 주머니에서 꺼내 멜론에 기대어 세웠다.

"우리는 지구가 이쪽 방향으로 돌고 있는 동안 너를 반대 방향으로 움직이게 할 거야. 그 길은 계속 햇빛을 받는 쪽이야. 밤이 절대로 오지 않으니까, 다음 날도 절대 올 수가 없지!"

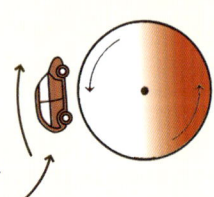

만약 자동차가 충분히 빠른 속도를 유지할 수 있다면 자동차는 언제나 햇빛 아래에 있게 된다.

블레이드가 자랑스럽게 주위를 둘러보았다. 모두 놀라서 입을 떡 벌리고 있었다.

"할 말 없지, 엉?"

블레이드는 자신의 계획이 너무나 훌륭해서 모두 놀란 줄 알았다. 하지만 실제로는 블레이드가 왜 주머니에 장난감 자동차를 가지고 있는지 궁금해서 모두 입을 떡 벌리고 있었던 것이다.

마침내 돌리가 물었다.

"블레이드, 이렇게 지구를 돌면서 운전하는 게 불가능하다는 걸 몰랐어?"

"어떤 것?"

"산을 넘거나, 사막이나 바다를 건너는 것 따위."

"그래, 하지만 그것 말고는 완벽해! 우리가 해야 할 일이라고는 태양을 따라가는 것뿐이야. 결코 어두워지지 않으니까 낮이 절대 끝나지 않아. 그러니까 너의 생일은 영원히 계속되는 거라고!"

대단한데!

"그러니까, 만약 네가 지금 출발해서 지구를 돌고 24시간 뒤에 집으로 돌아온다면 너에게는 아직도 6월 3일이 되는 거지? 하지만 여기서 기다리고 있는 베니에게는 6월 4일이 되는 거고?"

"물론! 우리가 밤을 보지 않는다면."

포키가 빈정댔다.

"블레이드는 그냥 시간 여행을 만들어 낸 거야. 그건 멍청한 짓이지."

돌리가 생각해 내려고 애쓰면서 말했다.

"만약 네가 계속해서 갈 수 있다면, 너는 그 스파게티 얼룩을 묻힌 채로 계속 1931년 6월 3일에 머물러 있을 거야. 미래에는 사람들이 코에 귀걸이를 하고, 선이 없는 작은 전화기로 이야기를 하고, 모두 우주인 같을 거야."

"하하하!"

블레이드가 큰 소리로 웃었다.

"선이 없는 전화기라고? 이제는 너도 멍청이가 되어 가는구나!"

영원한 생일은 가능한가?

만약 생일을 긴 시간 즐기고 싶다면 블레이드의 계획대로 해 보는 것이 좋을 수도 있다. 다만 스스로 운전하는 것을 추천하지는 않는다. 왜냐하면 지구를 날아가는 것이 훨씬 쉬우니 말이다.

관건은 태양을 따라잡기 위해 얼마나 빨리 가야 하는가이다. 만약 적도를 따라서 오른쪽 방향으로 지구를 돈다면 총 거리는 대략 40,000킬로미터 정도이다. 지구는 24시간마다 한 바퀴씩 돌고, 40,000킬로미터를 가야 하므로 자동차의 속도는 40,000÷24로 시간당 약 1,673킬로미터가 된다. 대부분의 자동차는 힌 시간에 약 160킬로미터 이상 달리게 되면 이상한 소리를 내고 재미있는 냄새를 풍기기 시작한다. 이것이 바로 우리가 자동차로 가는 것을 추천하지 않는 또 다른 이유이기도 하다.

만약 적도가 아닌 다른 어떤 곳에서 출발한다면 그렇게 멀리, 또 그렇게 빨리 갈 필요가 없다.

만약 일정한 속도를 유지하면서 지구 둘레를 돌 수 있다면 블레이드의 말대로 결코 밤은 오지 않는다. 하지만 블레이드와 건달들이 시도한 대로 24시간이 지나서 돌아왔다고 하자. 그때 그들에게는 6월 3일이고, 베니에게는 6월 4일일까?

대답은 '아니다'이다. 왜냐하면 날짜 변경선 때문이다. 날짜 변경선은 세계 지도 위에 그려진 긴 선으로, 북극에서 남극까지 이어진다. 어떤 곳은 구부러진 곳도 있는데, 그것은 어떤 나라 제도에서는 같은 날짜를 쓰고 싶어하기 때문이다.

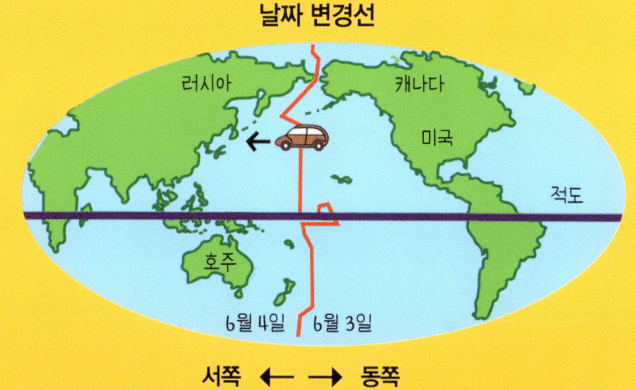

서쪽 방향으로 날짜 변경선을 넘으면 시각과 관계없이 날짜가 변한다.

블레이드에게는 6월 3일에서 6월 4일이 될 것이고, 따라서 블레이드는 돌리의 생일이 영원하도록 만들 수 없다.

하지만 생일을 두 배로 늘릴 수는 있다

날짜 변경선을 동쪽 방향으로 넘는다면 날짜는 하루 뒤로 돌아간다!

아메리카와 러시아 사이에 있는 바다를 베링 해라고 부른다. 가장 좁은 구간은 폭이 약 80미터인데, 그곳에는 작은 섬이 두 개 있고 서로 약 3미터 떨어져 있다. 이곳은 다이오메드 제도라는 곳인데, 날짜 변경선이 두 섬 사이를 가로질러 지나간다. 여러분이 생일을 빅 다이오메드 섬에서 시작하여 한밤중에 생일이 끝나갈 무렵 리틀 다이오메드 섬으로 건너가면 날짜가 똑같으므로 다시 생일 파티가 시작된다!

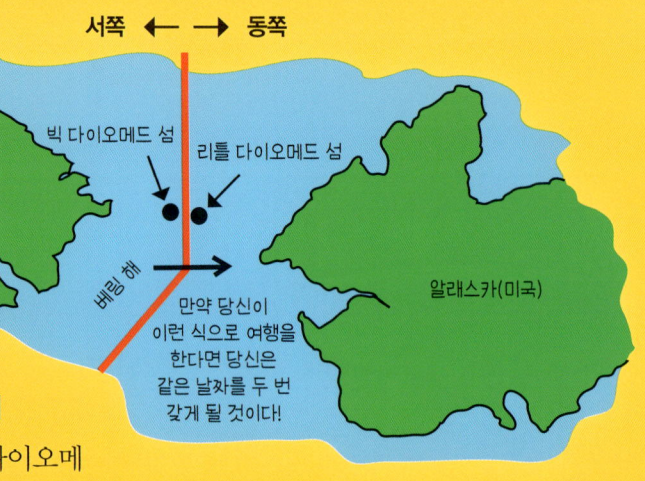

한편 서쪽으로 향하는 고속도로로 달려간다면…

"더 빨리, 지미!"

블레이드가 말했다.

"빨리, 더 빨리!"

나머지 건달들은 마치 자동차 뒷좌석에 박힌 것처럼 꼼짝하지 않았고, 자동차는 지미가 발을 구를 때마다 비명을 지르면서 고속도로를 달려갔다.

"애석하게도 돌리는 우리랑 오지 않았어."

포키가 자동차 소리보다 더 크게 고함을 질렀다.

"그녀는 이게 안 될 거라고 그랬지!"

블레이드는 토라진 것처럼 말했다.

"우린 증명해 내야 해. 이봐, 넘버스, 이제 우리가 얼마나 빨리 가야 하는지 알았어?"

차 뒤쪽에 앉아 있던 신경질적이고 마른 남자는 셔츠의 소매 끝에 써 놓았던 낙서를 확인했다.

"내 계산으로는 한 시간에 1,264킬로미터야!"

"우리는 절대 그렇게 못 해, 블레이드."

위즐이 말했다.

"분명히 될 거야. 우리를 누가 막겠어?"

블레이드가 말했다.

"저거야!"

지미가 브레이크를 세게 밟았다. 블레이드에게 길 건너 담장 너머 주차된 차들이 보였다. 차는 끽 소리를 내면서 멈추었고, 그들은 끌려 나오게 되리란 걸 알았다. 경찰이 다가와서 블레이드의 눈을 노려보았다.

"지금 속력이 얼마인지 알고 있나요?"

피초스키 경위가 말했다.

"148킬로미터요."

블레이드가 말했다.

"148킬로미터라고요? 여기 제한 속도는 시속 64킬로미터입니다. 뭘 하려고 했던 거죠?"

피초스키 경위가 흥분한 목소리로 말했다.

"우리는 시속 1,264킬로미터로 가려고 했어요."

블레이드가 말했다.

피초스키 경위가 블레이드의 소매 끝을 가리켰다.

"당신은, 이제 뭔가 다른 일을 해야 할 것 같군요."

블레이드가 웃었다.

"당신은 그림스테이트 감옥에 6개월 동안 있게 될 겁니다."

세상에서 가장 오래된 3가지 문제, 드디어 끔찍한 수학으로 해결하다!

우리는 이미 유명한 고대 그리스의 수학자 한 쌍을 만났다. 그 시대에 약간 똑똑한 사람들은 대부분 생각거리를 가지고 있었다. 그들은 특히 원이나 삼각형, 직육면체를 가지고 놀기를 좋아했는데, 해결할 수 없는 세 가지 작도 문제와 부딪치고 말았다. 고대 그리스 수학자 몇 명을 더 초대해 기하학 구역에서 차를 마시기로 했으니, 그들이 어떻게 하는지 살펴보자.

그리스인은 파이를 조각으로 나눌 때마다, 완벽하게 정확히 나누고 싶어 했다. 불행하게도 그들은 인생을 편하게 사는 법을 몰랐다. 왜냐하면 그들은 오직 이 두 가지 도구만 사용할 수 있었기 때문이다.

이 도구들의 사용 규칙은 두 가지인데 엄격하고 중요했다.

운 좋게도 파이 한 조각을 둘로 나누는 것은 쉬웠다. 각을 이등분하기만 하면 된다. 그 말은 반으로 자른다는 뜻이다.

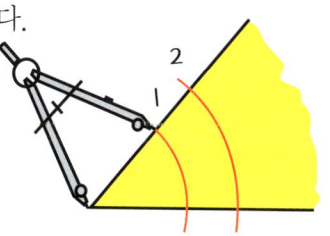

먼저 컴퍼스로 호를 두 개 그린다.

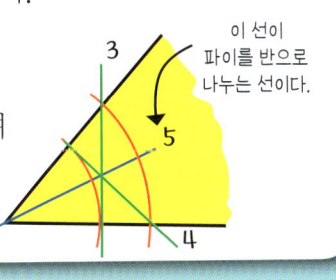

그리고 자를 사용하여 직선을 3개 그린다.

지금까지는 괜찮았지만 여기서부터 문제가 시작된다.

파이를 정확하게 세 조각으로 나누려면 각을 삼등분해야 하는데 그리스인은 컴퍼스와 직선을 이용해서 각을 삼등분하는 방법은 결코 찾아내지 못했다. 하지만 우리, 끔찍한 수학 팀은 이런 도전을 아주 좋아하지. 자, 가 볼까!

각을 삼등분하는 방법

준비물은 끄트머리를 씹어 먹지 않은 똑같은 자 2개이다.

3대 작도 불가능 문제
1. 임의의 각의 삼등분선은 작도할 수 없다.
2. 원과 넓이가 같은 정사각형은 작도할 수 없다.
3. 정육면체의 부피를 두 배로 만드는 작도는 할 수 없다.

정말 엄격하군. 어떤 것도 재서는 안 된다는 것은 우리도 알고 있다.

먼저 파이의 한쪽에 자를 대고 평행선을 그린다.

이제 자 두 개를 동시에 위에 올려놓고, 끝이 정확하게 선과 만나게 놓으면 이렇게 파이 위에 선이 그려진다(자 두 개를 제자리에 똑바로 놓으려면 약간만 움직이면 된다).

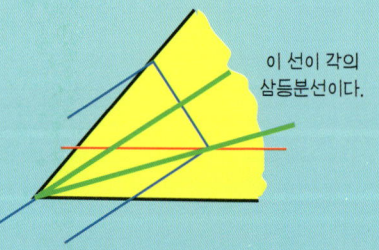

이제 할 일은 여기 있는 초록색 선과 같이 선을 그리는 것뿐이다. 어떻게 파이 한 조각을 3조각으로 똑같이 나눌 수 있는지 보여 주었다.

그리스인은 임의의 크기의 각을 삼등분할 수 없었다. 이 문제는 3대 작도 불가능 문제 중 하나였다.

끔찍한 수학 팀 1 : 고대 그리스인 팀 0

좋아, 어쩌면 우리가 슬쩍 남의 것을 봤을지도! 하지만 우리가 나머지 두 개도 풀 수 있다는 것을 보여 주지. 그리스 선수들은 엄청나게 화가 날 거야!

정사각형을 원으로 그리는 법

문제는 원으로 시작했는데 정사각형을 그려야 한다는 것이다. 그것도 정확하게 같은 넓이로. 문제의 열쇠는 바로 파이(π).

만약 어떤 원의 둘레(원의 둘레의 길이를 원주라고 한다)를 재어서 그것을 지름으로 나눈다면 3.14159265 3589793238462643383279 5…를 얻는다. 그리고 이 기다란 소수는 어떤 규칙도 없이 끝없이 이어지므로 우리는 이것을 보통 원주율이라고 부르고, 수학 기호로 π라고 쓴다.

π로 알아보는 성격 테스트

많은 사람이 π의 소수 아랫자리를 가능한 많이 외우려고 한다. π에 대해 얼마나 많이 알고 있냐에 따라서 어떤 종류의 사람인지 알 수 있다.

π = 3 또는 4 틀렸지만 지금 이 책을 읽고 있는 것만으로도 감사할 일이다.

π = 3.14 매우 합리적, 1에서 2,000까지는 계산이 정확할 것이다.

π = 3.1416 영리한 사람, 훌륭한 작업자이다.

π = 3.14159265 본인은 약간 어질어질하겠지만 친구들은 감명받을 것이다.

π = 3.14159265358979 똑똑하다. 이건 아마 친구들에게 말하지 않는 것이 좋을 거다. 너무 똑똑해서 친구가 아직 있을지 모르겠지만.

π = 소수점 아래 100자리 사람들이 무엇이라 말하든지 무시하고 자부심을 가질 것. 이런 사람들이 가입할 수 있는 특별한 클럽이 있다.

π = 소수점 아래 10만자리까지(세계 기록) 여러분에게 너무 쉬운 책이다. 하지만 재미있게 읽기를.

만약 선이나 정사각형 같은 곧은 것을 원으로 바꾸려고 한다면 파이(π)가 어딘가에 포함된다.

그게 바로 그리스인의 문제였는데, 그들은 원의 둘레와 똑같은 길이의 직선을 그리고 싶어 했다. 컴퍼스로는 직선을 그리는 것이 불가능했으니까. 하지만 다행스럽게도 끔찍한 수학 협회에서는 그것을 해낼 수 있는 환상적이고 훌륭한 고난도의 철학적 도구를 가지고 있었다. 그냥 부엌 찬장에서 통조림 캔을 꺼내면 된다.

콩 통조림 캔으로 파이(π)를 재는 방법이 여기 있다.

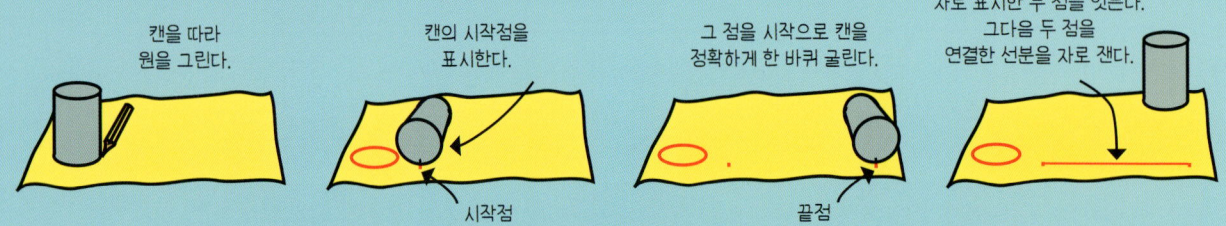

이제 한 가지 더, 원의 지름을 재야 한다. 고대 그리스인에게는 지름을 재는 자신들만의 우아한 방법이 있었지만, 우리는 종이나 아니면 이 책처럼 직각이 있는 것이라면 무엇이든 이용할 수 있으므로 아주 빠르게 그릴 수 있다.

이것은 한 각이 90°인 삼각형의 세 꼭짓점이 원 위에 닿으면 가장 긴 변이 원의 지름이 된다는 원리를 이용한 것이다.

지금까지 우리는 원의 지름과 원을 직선으로 그렸다. 만약 원의 지름의 길이를 1이라고 한다면 그 선의 길이는 파이(π)이다.

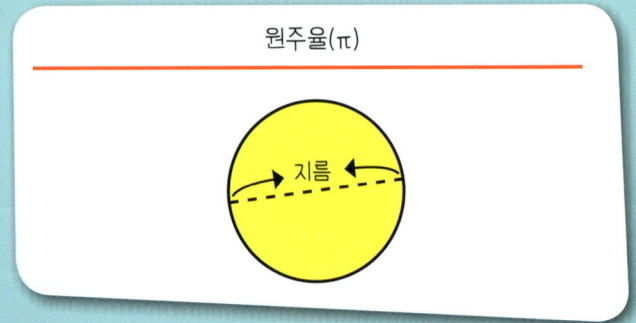

원과 파이(π)를 그린 선분과의 관계는 좀 지루하게 보일 수 있다. 하지만 그리스인은 그들의 완고한 규칙을 이용해서는 다른 방법을 찾지 못했기 때문에 이것이 정말로 훌륭하다고 생각했다. 가엾게도 지금 그들이 있었다면 원과 넓이가 같은 정사각형을 곧은 선으로 그리는 방법을 알아냈을 것이다.

끔찍한 수학 팀 2 : 고대 그리스인 팀 0

와! 둘은 처리했으니 이제 하나 남았군. 작도 불가능 문제 세 가지 가운데 마지막을 우리가 해결할 수 있을지도 모르겠군.

정육면체를 두 배로 만들기

그리스인이 제단의 부피를 정확하게 2배로 만드는 방법을 알 때까지 80년이 걸렸다는 전설이 있다. 그리고 심지어 그들은 자신들의 규칙을 살짝 바꾸었다고 한다(그때 이미 전염병은 모두 사라졌다). 무엇이 그렇게 어려웠을까?

계산을 간단하게 하기 위해서 제단을 각 모서리의 길이가 1인 정육면체로 생각하자.

각 모서리의 길이를 곱하면 부피(부피=가로×세로×높이)를 구할 수 있다. 그러니까 $2 \times 2 \times 2 = 8$

그리스인이 각 모서리의 길이를 곱하면 부피는 $2 \times 2 \times 2 = 8$이 된다.

이것은 작은 제단을 8개 쌓아 놓은 것과 같으므로 너무 크다!

부피 = 1 × 1 × 1 = 1

부피 = 2 × 2 × 2 = 8

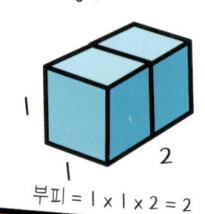

그리스인은 어떤 수를 세 번 곱해서 2가 되는지 알아야만 했다. 이것은 2의 세제곱근이라고 부르는데, 계산기로 계산해 본다면 이렇게 나올 것이다.

1.25992104989487316476721 0316…

그래, 사실 저 숫자들을 쭉 쓸 수는 없다. 그러면 그릴 수는 있을까?

여기 문제가 있다.

이것을 어떻게 이렇게 바꾸지?
$$\frac{1}{\_\_\_\_} \qquad \frac{\sqrt[3]{2}}{\_\_\_\_}$$

따끈따끈 두뇌 구역으로 들어올 준비가 되어 있다면 답을 알려 주도록 하겠다. 몇 년 동안의 전염병으로부터 그리스인을 구해 주었을지도 모르는 그 답을.

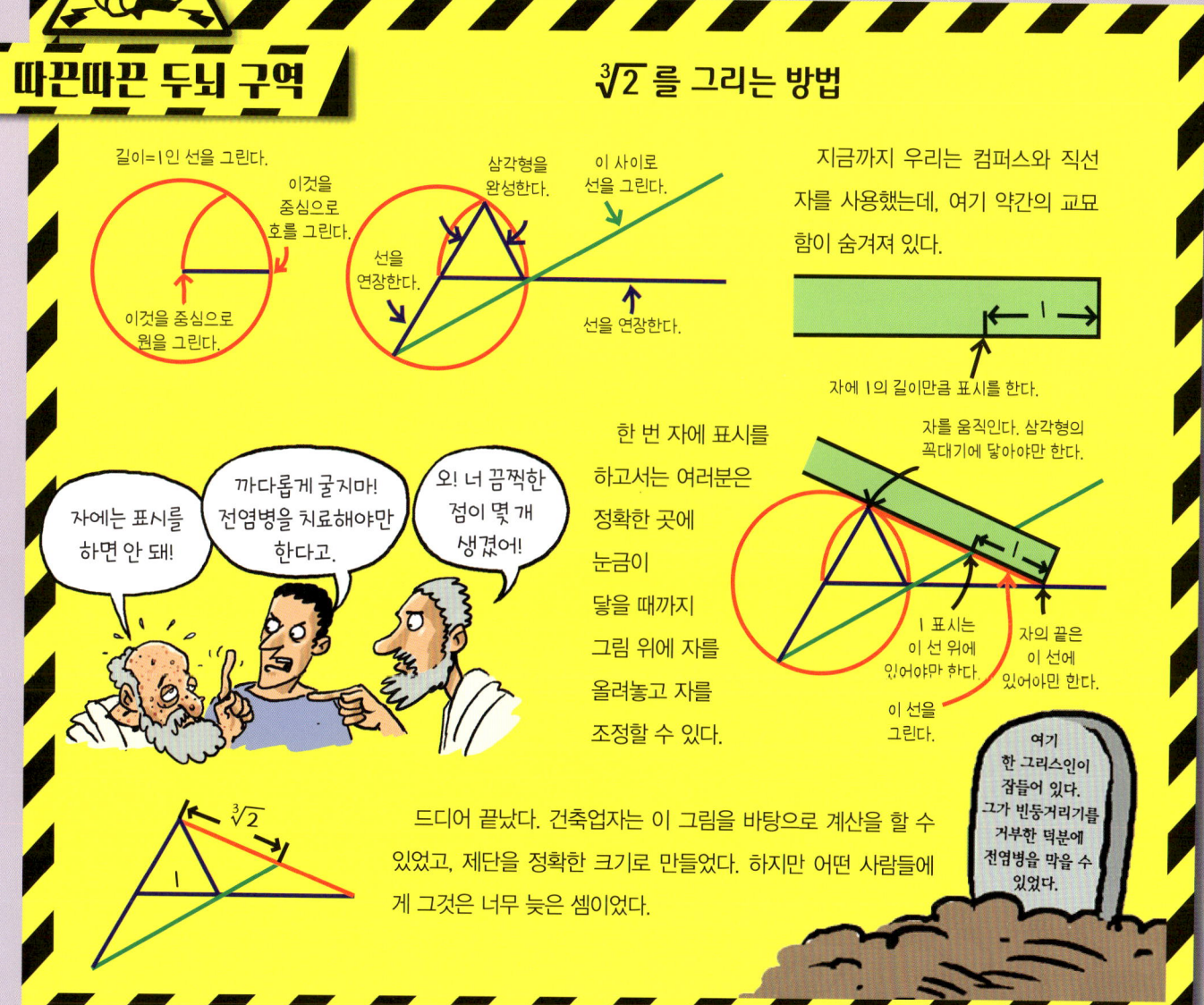

끔찍한 수학 팀 3 : 고대 그리스인 팀 0

그리스인은 규칙을 완화하자마자 정육면체를 두 배로 만드는 문제를 해결하는 여러 가지 방법을 찾아냈다. 단지 컴퍼스와 자만 사용해서는 기회가 없었다(당시 그리스인은 도구를 바꾸면 진정한 기하학이 아니라고 생각했다).

무한한 꽃과 딱 맞는 달걀

기하 구역을 떠나기 전에 그리스 사람이 자와 컴퍼스만을 사용해서 그릴 수 있었던 모양을 살펴보도록 하자.

위험한 보라색 털부처꽃

이것이 매우 중요하다.

1. 컴퍼스가 조금이라도 움직이지 않도록 주의해서 원을 그린다.
2. 컴퍼스의 침을 첫 번째 원의 가장자리에 대고는 다른 원을 그린다.
3. 컴퍼스의 침을 원이 만나는 곳에 대고 또 다른 원을 그린다.
4. 3을 반복해 그린다.
5. 4를 반복해 그린다.
6. 온 세상이 보라색 꽃으로 가득 찰 때까지 3, 4, 5를 반복한다. 멋진 녀석들!

누군가 이것이 어떤 종류의 꽃인지 물어본다면 여섯 개의 꽃잎을 가진 털부처꽃이라고 말하면 된다. 각 그루에 해마다 약 2,500,000개의 작은 씨앗을 맺는 녀석들은 아주 쉽게 퍼져 나간다. 아마 하루면 전 세계를 뒤덮을 것이다! 한번 뿌리를 내리면 뽑아 내기도 어렵지.

정삼각형

보라색 털부처꽃을 하나 쥐고 꽃잎의 세 끝부분을 이어 보자.

정육각형

보라색 털부처꽃 여섯 개의 모든 꽃잎을 이어 보자. 하하! 그들이 온 세상을 차지할 수는 없어!

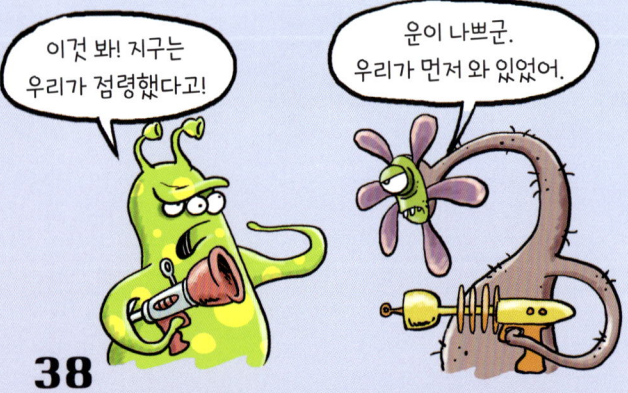

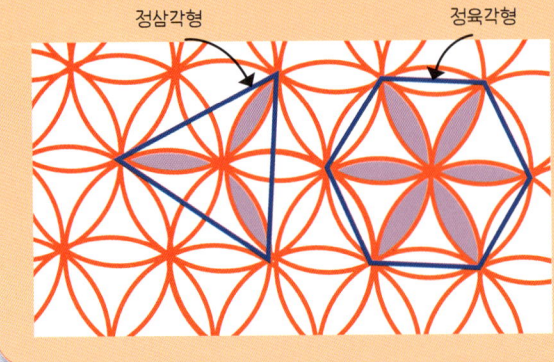

말하기 어려운 쉬운 속임수

다른 모양을 살펴보기 전에 수학에서 가장 쉬운 속임수를 몇 개 알아 둬야 한다. 그것은 '직선을 잘라서 90°로 만드는 방법', 좀 더 똑똑하게 보이고 싶다면 '수직이등분선을 긋는 방법'이라고도 할 수도 있다. 여기를 다 읽을 때쯤에는 그릴 수 있을 거야!

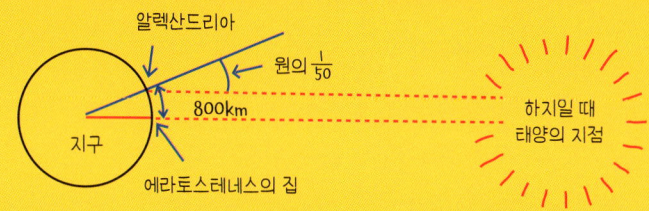

이제 무엇을 더 그릴 수 있는지 보자.

에라토스테네스의 지구

그리스인은 그림을 이용해 아주 놀라운 작업을 해냈다. 에라토스테네스와 소수에 대해서 기억하지? 에라토스테네스는 기하를 이용해서 지구의 크기를 잰 첫 번째 사람이기도 하다.

에라토스테네스는 하지일 때 태양이 이집트에 있는 자신의 집 위를 곧바로 비춘다고 예상했다. 같은 시각에 자신의 집에서 북쪽으로 약 800킬로미터 떨어진 알렉산드리아에 햇빛이 비치는 각도가 약 7.2°인 것을 측정하였고, 이것은 원 둘레의 약 1/50, 따라서 800킬로미터의 50배인 약 40,000킬로미터가 지구 둘레라고 계산하였다. 이것은 지금 방법으로 계산한 것과 약간 차이가 나는 하지만(지구 둘레는 40,075킬로미터) 아주 가까운 값이다. 태양은 정확하게 에라토스테네스의 머리 위에 있지도 않았으며 알렉산드리아는 정확하게 북쪽으로 800킬로미터 떨어진 곳도 아니었으니 에라토스테네스는 아주 운이 좋았던 셈이다.

계란을 그리는 방법은?

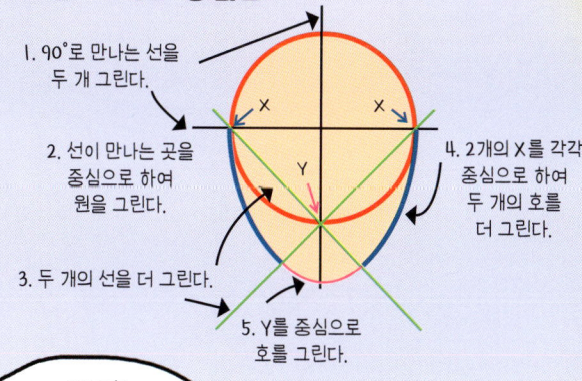

오각형을 그리는 방법

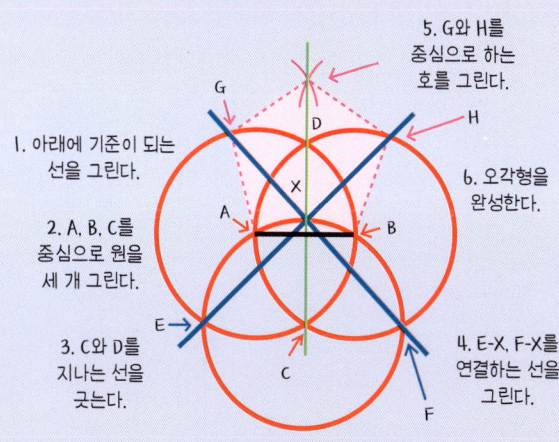

39

안이면서 밖인 방

끔찍한 수학 빌딩의 안쪽 깊숙한 곳에는 비밀스러운 수수께끼의 방이 있는데, 이곳에서는 아주 특별한 두뇌가 필요하다. 끔찍한 수학 협회에서 누가 가장 특별한 두뇌인지 맞춰 볼까?

계단으로 올라가기 전에 복도 끝에 초록색 문이 보일 것이다. 그 문을 통과하여 걸어갈 수 있는데, 안쪽으로 들어가면 문을 닫고 잠글 수 있다. 구석에 있는 고무 재질의 테이블 위에 신축성 있는 물건이 많이 놓인 것이 한눈에 보일 것이다. 방의 다른 쪽에는 두 개의 빨간 문이 보일 것이고, 반대쪽에는 종이와 테이프, 가위를 올려 둘 수 있는 선반이 있다.

방은 구석이 둥글고 기울어져 있다. 벽에는 주사위로 만든 삼각형이 보일 것이다. 이것은 아주 평범한 두뇌를 위한 평범한 수수께끼 같지만 특별한 두뇌를 위한 특별한 퍼즐이기도 하다. 어떤 주사위가 가장 멀리 떨어져 있는 것 같아?

여기 또 다른 빨간 문이 있는데, 그 방이 다른 구석으로 바뀌면서 계단의 꼭대기에 있게 된다.

이제 계단을 내려간다. 페인트를 밟고 싶지 않다면 손잡이를 타고 내려오도록.

계단이 시작되는 곳까지 내려오면 또 잠겨 있는 초록색 문 옆에 서게 된다! **다시 문 밖에 있는 것인데, 무슨 일이지?**

여러분은 방금 안이면서 밖인 방을 통과해 나온 것이다. 그것이 어떻게 설계되어 있는지 알아내는 것은 어렵지 않다. 하지만 그것은 놀랄 만한 두뇌 싸움을 불러왔다.

40

방에 들어간 후에 언제 정확하게 밖으로 나왔을까? 만약 방 안으로 절대 들어가지 않았다면, 누가 문을 잠갔을까? 만약 이것이 방이 아니라면 무엇일까?

이 방과 관련된 수학을 위상수학이라고 부르는데, 이것은 사람이 시간 여행을 할 수 있는지 또는 동시에 두 공간에 존재할 수 있는지 그리고 공간을 어떻게 합칠 수 있는지 등을 알게 해 준다. 꽤 환상적인 것으로 몇 가지 간단한 아이디어에서 시작한다. 그럼 어떻게 되는지 살펴보자.

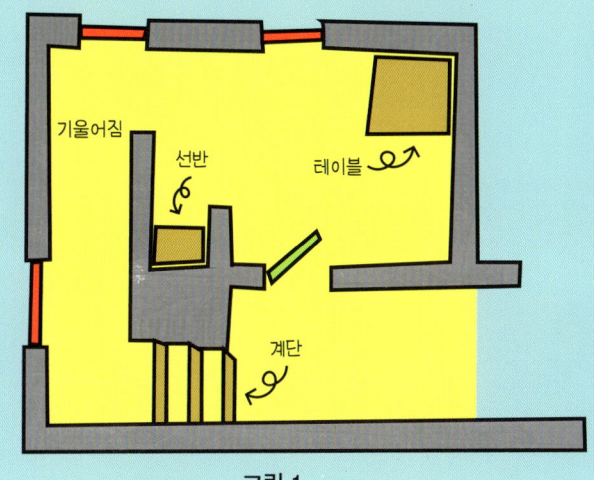

그림 1

불가능한 문들

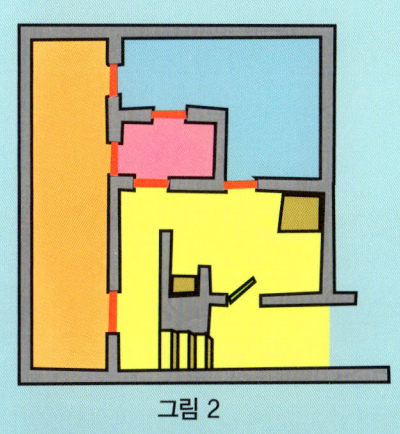

그림 2

'그림 1'에서 세 개의 빨간 문은 더 많은 빨간 문이 있는 다른 방으로 이어져 있다. 통로를 따라가면 모두 여섯 개의 빨간 문이 있는 게 보이는데, 한 번 만에 모든 문을 통과할 수 있을까(한 번 지나온 문은 다시 지나갈 수 없다)?

만약 '그림 2'의 여섯 개의 문을 한 번에 통과한다면 그건 남의 답을 보고 말한 거야! 이런 종류의 퍼즐이 풀 수 있는 것인지 알아보려면 빨간 문의 개수가 홀수인 방이 몇 개인지 세어 보면 된다. 만약 2개보다 많다면 이 수수께끼는 풀 수 없다. 여기 있는 4개의 방에는 모두 3개의 문이 있다. 따라서 풀 수가 없다.

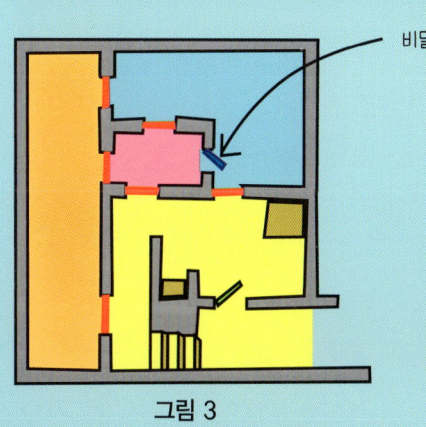

그림 3

이제 '그림 3'에서 두 개의 방은 문이 네 개가 되었고, 4는 짝수이다. 남은 두 개의 방은 문의 개수가 홀수이다. 따라서 이제 이 퍼즐은 해결 가능하다. 빨간 문과 파란 문을 모두 사용하면서 각각의 문을 한 번씩만 통과하는 방법은 무엇일까?

문제를 풀려면 여러분은 문의 개수가 홀수인 방에서 시작해야 한다. 그리고 문의 개수가 홀수인 다른 방에서 끝나야 한다.

두 조각으로 잘랐는데 어떻게 한 조각이 남았을까?

어떤 물건의 한가운데를 따라서 쭉 자르면 두 조각이 된다. 그렇지? 그런데, 항상 그런 건 아니야.

종이 리본을 가져와서 끝이 서로 만나게 테이프로 잇는다. 그리고 한쪽 면의 한가운데를 따라 끝에서 만날 때까지 선을 그어 보자. 이 선을 따라 한가운데를 자르면 두 조각을 얻을 수 있다. 아주 쉬워!

이번에는 다른 종이 리본을 가져와 한쪽 끝을 한 바퀴 돌려서 양끝을 테이프로 잇도록 하자(이런 종류의 고리를 뫼비우스의 띠라고 한다). 이제 한가운데를 따라서 끝까지 잘라 보자. 다 자르더라도 고리는 한 조각이다! 우리의 마법 수학자들은 구경꾼만 있다면 마치 마술의 속임수를 푸는 것처럼 이런 문제를 해결하는 것을 좋아한다.

뫼비우스의 띠는 아주 특별하다. 한쪽 면에만 색을 칠하고 다른 쪽은 비워 두고 싶더라도 불가능하다. 오직 한 개의 면만 있기 때문! 이런 성질 때문에 뫼비우스의 띠는 두 개의 바퀴를 연결해서 움직이게 만드는 팬벨트에 아주 쓸모가 있다. 커다랗고 낡은 '견인 기관차'를 보면 팬벨트가 이렇게 꼬여 있는 것을 볼 수 있을 것이다. 일반적인 팬벨트는 바퀴에 닿는 면이 빨리 닳는데, 뫼비우스 팬벨트를 쓰면 수명이 두 배로 늘어나는 효과가 있다.

특별한 수학 두뇌를 가져 본 적 있니?

뫼비우스의 띠를 오랫동안 들여다보면 무슨 일이 일어나는지 쉽게 알 수 있다. 그래서 이번에는 여러분의 두뇌를 테스트해 보겠다. 먼저 종이를 십자 모양으로 잘라야 한다.

아주 빠르게 종이를 십자 모양으로 자르는 방법

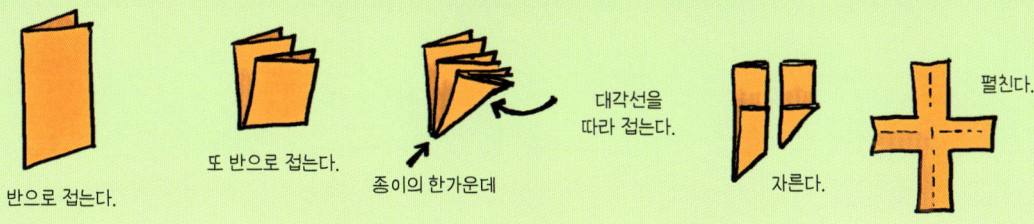

십자 모양을 만들었을 때 반대편의 두 끝을 서로 붙여서 평평한 고리를 만든다.

두 개의 평평한 고리

핵심 질문: 만약 두 개의 고리 한가운데를 따라 자른다면 몇 개의 고리로 나누어질까?

4개? 2개? 그냥 1개? $743\frac{1}{2}$개?

어떤 사람은 곧바로 답을 알 수 있다! 두뇌가 평범한 사람들은 두 개의 고리 한가운데를 따라 잘라서 나오는 결과를 보고 몇 조각이 되는지 알 수 있다. 결과가 너무 좋아서 직사각형 액자에 집어넣고 싶을 수도 있다.

뛰어난 수학 두뇌인지 알고 싶다면 테스트를 하나 더 거쳐야 한다

또 다른 십자 모양을 만들고, 반대쪽끼리 이어서 두 개의 고리를 만든다. 하지만 이번에는 한 개의 고리를 반 꼬아서 뫼비우스의 띠를 만든다. 두 개의 고리 한가운데를 따라 반으로 자르기 전에 자신에게 물어보자.

- 고리가 몇 개 나올 것 같니?
- 어떤 모양일 것 같아?

확실한 거야? 정말? 베낀 건 아니지? 그것 참 대단하군.

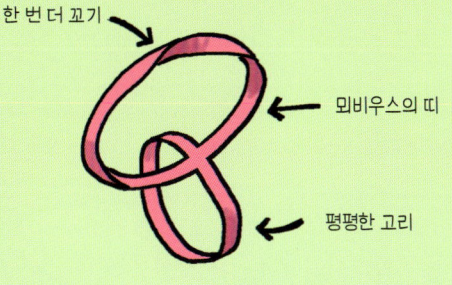

한 번 더 꼬기
뫼비우스의 띠
평평한 고리

이제 여러분이 뛰어난 수학 두뇌를 갖고 있는지 아닌지 알 것이다. 만약 뛰어난 수학 두뇌를 갖고 있다면 우주의 신비를 풀 수도 있을 것이다. 심지어 다음 문제도 이해할 수 있을 것이다.

가짜 주사위 답

가짜 주사위는 오른쪽 구석 아래에 5와 2가 보이는 녀석이야. 마주 보는 면끼리 더해서 7이 나오는 주사위라면 5 옆에는 2가 올 수 없어!

43

언제 안경(=팬티)이 깨졌지?

이제 뇌를 작동할 준비가 되었다. 테이블 위에 무엇이 있나 보자! 이 물건들은 모두 초강력 탄성고무로 만들어져 있어서 측정 도구나 크기는 문제가 되지 않는다.

가장 중요한 것은 구멍이다. 구멍을 만들면 안 돼. 수리하려고 해도 안 돼.

구멍이 이 문제에서 중요한 것이라면 머그잔과 가장 비슷한 것은 이 중 어떤 것일까?

답은 CD이다. 왜냐하면 CD에는 구멍이 하나 있기 때문이다. 머그잔에도 구멍이 하나 있다. 손잡이에. 여러분은 끈으로 그 둘을 꿸 수도 있고, 매달 수도 있다.

병이 더 머그잔과 비슷하다고 생각하는가? 그렇지 않다. 왜냐하면 병은 꼭대기가 열려 있을 뿐이다(이것은 구멍이 아니다. 왜냐하면 끈으로 이것을 꿸 수가 없기 때문이다). 만약 병이 고무로 만들어져 있다면 열려 있는 부분을 늘려서 바닥이 평평해지도록 잡아당길 수 있다. 그리고 그것들을 더 당겨서 다리를 만들 수도 있고, 테이블 모양으로 만들 수도 있지만, 머그잔이나 CD 모양으로는 만들 수 없다.

구멍을 만들거나 수리해서는 안 된다는 조건을 기억하지? 따라서 병=테이블. **모든 계산이 이런 식이라면 얼마나 좋을까?**

팬티와 교수의 부러진 안경은 둘 다 구멍이 있다. 그래서 어느 게 무엇이라고 말하기 곤란하다.

으스스한 곡선

지금 끔찍한 수학 연구실에서 성대한 축하 행사가 열리려고 한다. 뭔가 놀라운 일을 한 것은 틀림없지만 무엇을 했을까? 초콜릿 냄새가 나는 새로운 숫자를 발견한 걸까? 다섯 개의 꼭짓점을 가지는 정사각형을 찾았을까? 그게 아니면(가능성은 없지만), 그들 중 한 사람이 셔츠를 단정하게 바지 안으로 집어넣어 입었을까?

우아, 멋지다! 여기 물이 거의 차 있고 윗부분에는 파란 기름 막이 떠 있는 유리 원뿔이 있다. 이때 원뿔을 움직여 보면 단면의 모양이 변하는데, 이때 생기는 곡선을 원뿔 곡선이라고 부른다. 그리고 원뿔을 똑바로 세워 놓고 위에서 바라보면 원을 볼 수 있다. **원은 수학에서는 매우 중요한 곡선이다. 왜냐하면 피자 모양이니까.**

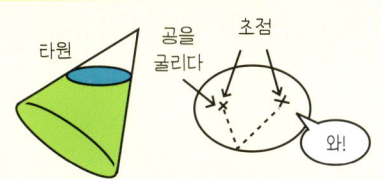

원뿔을 기울이면 타원 모양이 생긴다. 타원은 원처럼 보이지만 초점이라고 불리는 중심이 두 개 있다. 타원형의 방이 있다면 친구 한 명과 초점에 서서 어느 방향으로든 공을 굴려 봐. 그러면 공이 벽에 부딪혀 튕겨 나와서는 친구의 코를 맞힐 거야. 재미있지?

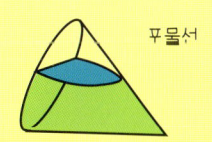

원뿔을 이렇게 옆으로 눕혀 놓으면 포물선이 생긴다. 이 모양은 조명이나 자동차의 헤드라이트에 있는 거울에도 적용된다. 초점에 전구가 놓여 있다면 빛은 같은 방향으로 퍼진다.

윽! 찰거머리 박사와 애완동물 바티그럽이다. 이것들은 정말 역겨운 동물이라서 서로가 서로를 음… 훌쩍거리는 나쁜 버릇이 있다. 그게 이것들이 바티그럽이라고 불리는 이유이다. 바티그럽들이 지나간 뒤에는 끈적끈적한 자국이 남지만 다음 주제를 보여 주는 데에는 좋다. 무슨 일이 일어난 건지 알고 싶다면 책장을 넘겨 보자.

추적곡선

바티그럽 네 마리가 정사각형 상자의 구석에서 기어나오기 시작하면 어떤 일이 일어나는지 보자. 각 바티그럽은 바로 앞에 보이는 다른 한 마리를 쫓는다.

그들이 움직임에 따라 네 마리의 바티그럽은 항상 정사각형 패턴을 유지한다. 그리고 정사각형은 점점 작아지면서 한가운데를 향하여 간다. 드디어 바티그럽이 모두 만나게 될 때 뒤쪽에는 나선형의 흔적이 남는다. 이 오싹한 곡선이 등각나선이다(등각나선이 알고 싶다면, 59쪽을 보자).

한가운데로부터 곡선 위 어느 곳에 선을 긋더라도 그 선이 만드는 각은 언제나 같다.

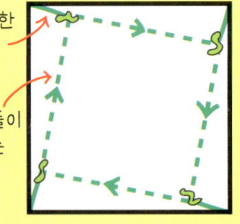

바티그럽들이 출발하는 방법

끈적끈적한 자국

바티그럽들이 이동하는 방향

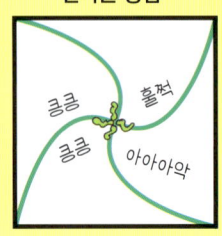

바티그럽들이 만나는 방법

킁킁 / 훌쩍 / 아아아악

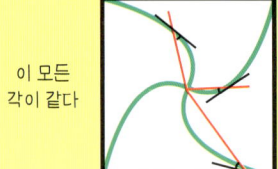

이 모든 각이 같다

따끈따끈 두뇌 구역

각 바티그럽이 중심까지 도달하려면 얼마 동안 여행을 해야 할까?

이 얼마나 극악무도한 질문인지! 하지만 정말 재미있게도 답은 엄청 쉽다. 그들은 각각 정사각형의 한 변의 길이만큼만 여행을 한다! 바티그럽 한 마리가 움직이고 있다고 생각해 보자. 그 녀석은 목표 지점에 도달하기 위해서는 정사각형의 변을 따라서 가야만 한다. 비록 목표 지점이 움직이고 있다 하더라도 항상 그 녀석에게는 직각으로 움직인다. 목표 지점은 실제로는 절대로 멀어지지도 가까워지지도 않으므로 그 목표 지점은 절대 그들 사이의 거리에 영향을 미치지 않는다. 그것이 바로 중심까지의 거리가 목표 지점까지의 거리와 같은 이유이다.

아주 크고 굉장히 위험한 것

바퀴를 가장 빨리 아래로 굴리는 방법은 무엇일까? 평평한 경사로가 꽤 괜찮아 보인다. 바퀴는 그 길을 따라 바닥에 닿을 때까지 시간이 지남에 따라 점점 빨라져서 속도가 최대로 될 것이다. 하지만 만약 시작할 때부터 더 속도를 높일 수 있다면 바퀴는 더 빨리 끝에 도달할 것이 분명하다. 물론 그렇다고 생각하겠지만, 경사로를 잘라서 살펴보자.

트랙의 첫 번째 부분은 원의 $\frac{1}{4}$이다. 바퀴는 정말 빨리 아래로 굴러가고 평면을 따라 최고 속도로 굴러갈 것이다.

여러분은 이것이 가장 빠른 길이라고 생각할 것이다. 하지만 아니다. 만약 여러분이 정말로 모험심이 강하다면 이걸 봐!

이 커브는 사이클로이드라고 불리는 것이다. 실제로는 끝부분은 조금 올라가는 경사로인데, 이것은 꼭대기에서 바닥까지 가장 빨리 가는 길이다! 믿기 어려울 거야. 그래서 우리 연구팀이 직접 만들어서 실험해 보기로 했다.

사이클로이드

그것을 만드는 동안 좀 더 알아볼 게 있다. 사이클로이드에 대해서 가장 이상한 점은 이것인데, 사이클로이드를 그리는 비결이 바퀴가 굴러가는 모양 자체에 있다는 것! 이것이 바로 선을 따라 원을 굴림으로써 사이클로이드를 그릴 수 있는 이유다. 원 둘레의 한 곳에 표시를 해 두고, 그 표시가 움직이는 위치를 따라가기만 하면 된다.

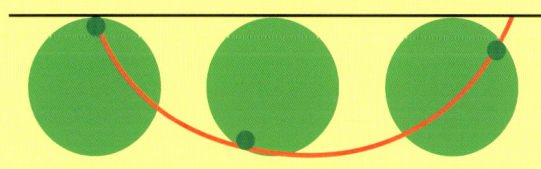
원이 굴러가면서 사이클로이드가 그려진다.

옛날에 사람들은 사이클로이드를 발견했을 때 무척 흥분했고, 여러 종류의 특이한 점을 발견했다. 예를 들어 곡선을 뒤집으면 더 튼튼한 다리 모양을 만들 수 있다.

원은 다리 아래 면적의 $\frac{1}{3}$을 차지한다.

다리의 빨간 곡선의 길이는 원을 둘러싸고 있는 정사각형의 둘레와 같다.

47

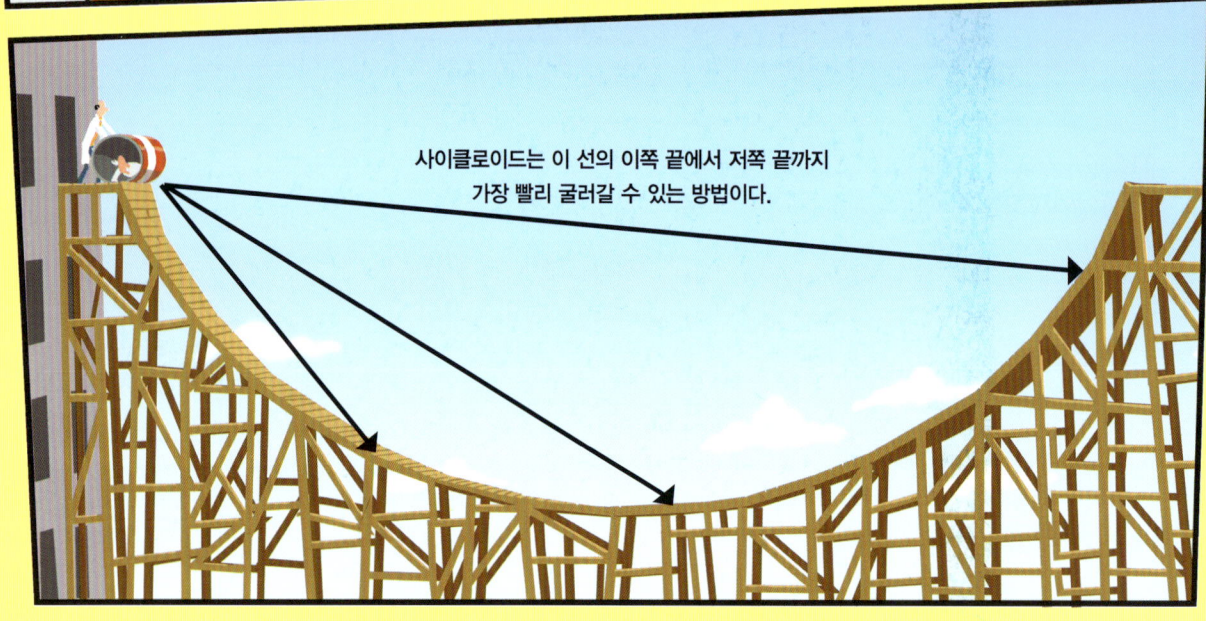

연구팀은 또 다른 드럼통을 발견해서 다른 실험을 할 수 있었다. 그들은 다른 높이에서 드럼통을 굴렸고, 곡선의 끝부분에 어느 것이 먼저 닿는지를 보기로 했다.

만약 두 드럼통을 동시에 굴리기 시작한다면 여기 이 지점에 똑같이 닿을 것이다.

야호!
출발!

와! 정말 아플 것 같은데!
대단해! 정확하게 한가운데서 부딪쳤어!
콰콰쾅!
만세!

이것 봐!
당장 박사를 도와줘!
끙.

기차 바퀴의 어떤 부분이 거꾸로 가는가?

모든 기차 바퀴에는 플랜지라는 것이 있어서 바퀴가 철로에서 벗어나지 않도록 고정시키는 역할을 한다(한편 기관사는 기차가 트랙을 벗어나지 않도록 매우 주의해서 운전해야만 한다). 그림을 보면 플랜지의 가장 바깥쪽이 장축 사이클로이드라는 모양을 그리는 것을 알 수 있다. 철로 아래쪽으로 가면서 그것은 작은 올가미 모양이 된다!

바퀴의 가장 낮은 부분은 항상 반대 방향으로 여행하고 있어!

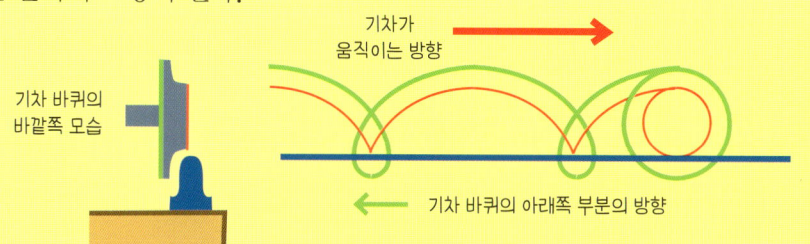

기차 바퀴의 바깥쪽 모습
기차가 움직이는 방향
← 기차 바퀴의 아래쪽 부분의 방향

골롬의 자

수천 년 전 황금 도시에 제파티 왕국이라는 나라가 있었다. 룬 왕은 제파티 왕국의 역대 왕 중 가장 큰 부자였는데, 그의 교활함에 견줄 사람이 없었다.

어느 날, 룬 왕이 사는 궁전에 수학 마법사 태그가 불려 갔다.

"이봐, 내 친구 골롬 통치자를 위해 아주 특별한 자 하나를 만들어 주게."

룬 왕이 말했다.

"자 말입니까? 길이 재는 것 말인가요?"

수학 마법사가 물었다.

"사실은."

룬 왕이 뜸을 들이다 말을 이었다.

"자는 금덩어리로 만들어야 하며, 1, 2, 3미터를 잴 수 있어야만 해. 눈금 표시는 가격을 매길 수 없는 고대 루비로 하면 되네. 만약 자네가 해낸다면 엄청난 보상을 받을 것이고, 실패한다면 긴지의 먹이가 될 거야."

긴지라는 세 혓바닥 뱀은 룬 왕 옆으로 슬쩍 뛰어오르며 혐오스러운 혓바닥으로 파란 입술을 핥았다. 수학 마법사는 얼른 모양을 그렸다.

"이것이 저의 계획입니다. 엄청나지요?"

수학 마법사는 통통한 빨간 보석을 향해 손을 뻗었다.

룬 왕은 머리를 흔들었다.

"잠깐, 나도 이런 보석을 하나쯤 갖고 싶어."

룬 왕은 루비들 중의 하나를 자신의 가운 깊숙한 곳 비밀 주름 속으로 챙겨 넣었다.

"그 자는 1, 2, 3미터를 나타내지만 눈금 표시는 세 개만 만들어야 해."

"불가능한 걸 요구하시는군요!"

수학 마법사가 울부짖었다.

긴지가 활짝 웃으며 꼬리를 철썩대자 수학 마법사는 재빨리 그림을 바꾸었다.

"불가능하지만 최선을 다하도록 하지요. 통치자 골롬의 자를 위한 저의 새로운 계획을 보세요!"

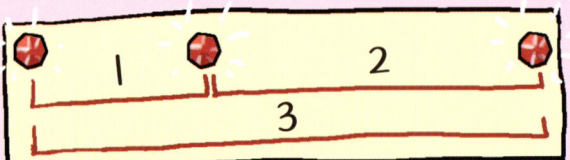

수학 마법사의 자는 완벽한 골롬의 자이다. 어떤(3보다 큰) 길이도 잴 수 있으며, 또 가장 중요한 것은 각 길이를 잴 수 있는 방법이 딱 한 가지라는 점 때문이다. 그렇기 때문에 골롬의 자는 평범하지 않은 것이 되었다. 만약 자의 길이가 4미터라면 세 개 혹은 네 개의 눈금 표시만으로 완벽한 골롬의 자를 만들 수 없다.

그러나 세 개의 눈금이 있는 수학 마법사의 자를 제외하고 유일하게 완벽한 골롬의 자가 있다. 그것은 네 개의 눈금이 있고, 1에서 6까지 어떤 길이라도 잴 수 있고, 또 한 가지 방법으로만 길이를 잴 수 있다.

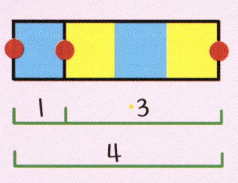

이 자로는 2미터를 잴 수 없다. 따라서 이 자는 완벽하지 않다.

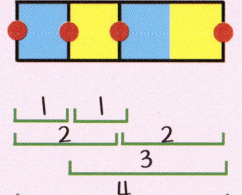

이 자로는 1미터와 2미터를 두 가지 방법으로 잴 수 있다. 따라서 이것도 완벽하지 않다.

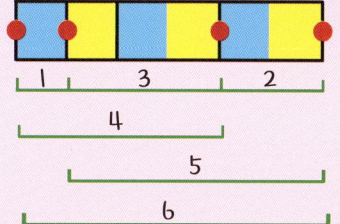

6미터보다 길고 네 개 이상의 눈금 표시를 사용하는 완벽한 골롬의 자는 없다.

이 자의 이름은 솔로몬 W 골롬(이 책에 나오는 가장 좋은 이름이군)이라는 미국의 수학 교수 이름을 따서 붙여졌다.

골롬의 자로 외계인을 발견하는 방법

수학 팬을 행복하게 만들어 주는 멍청한 수수께끼 같은 수학 문제가 결국 정말 쓸모 있는 것으로 밝혀진 것도 있다. 골롬의 자는 측정에는 그다지 유용한 것은 아니었지만 조그행성의 악당 골락을 알아내는 데는 도움이 되었다.

줄지어서 하늘을 살펴보는 네 개의 라디오 위성 접시가 있다고 생각해 보자. 이 접시들은 짝을 지어 일을 하는데, 두 개의 접시가 떨어진 거리에 따라 다른 라디오 주파수를 잡아낸다.

만약 골락이 라디오 메시지를 집으로 보낸다면 어떤 주파수를 사용할지 모르기 때문에 우리는 가능한 많은 주파수를 잡아내야 한다.

위성 접시를 늘어놓는 가장 좋은 방법은 완벽한 골롬의 자 네 개의 표시와 같은 이치로 늘어놓는 것이다. 네 개의 표시로 여섯 개의 다른 길이를 재는 것과 같은 방법으로 네 개의 위성 접시는 여섯 개의 주파수를 잡아낼 수 있다!

4차원의 오 엑스

우리가 3차원의 세계에 살고 있는 건 알고 있겠지? 그것은 우리가 앞뒤, 오른쪽 왼쪽으로 움직이고, 심지어 위아래로 점프도 할 수 있다는 뜻이다. 다른 차원에서는 어떻게 살고 있는지 알고 싶다고? 그것을 보여주는 기계가 있다. 우리의 귀한 손님, 왕과 왕비가 지금 그 기계를 지나쳐 걸어가고 있는데, 그들이 어떤 어리석은 짓도 하지 않기를 바랄 뿐이다.

맙소사! 왕과 왕비가 1차원 세계 속으로 빠져 버린 것 같다. 그들은 이 선에서 내릴 수도 없고, 심지어 서로를 지나칠 수도 없다. 게다가 그들은 아래로 쭉 뻗은 좁고 긴 파이프 같은 선을 따라서만 볼 수 있다. 그들은 2차원 실험실 조수인 새디와 스머지가 감시하고 있다는 사실도 모르고 있다.

새디는 원한다면 왕과 왕비 주위를 걸어 다닐 수 있다. 또한 동시에 1차원 세상에 있는 모든 것을 볼 수 있지만 스머지만은 볼 수 없다. 왜냐하면 중간에 선이 있기 때문이다.

2차원 세상은 마치 그림자와 같은 것이라고 생각하면 된다. 길이와 폭이 얼마인지 잴 수 있지만 두께는 없다(종이 한 장을 2차원의 세계와 같다고 할 수도 있겠지만 종이도 역시 아주 작은 두께를 가지고 있는 셈이라서 아주 많이 쌓는다면 더미를 만들 수 있다. 그림자는 아무리 많이 쌓더라도 전혀 두께가 없다).

우리는 3차원의 세계에 살고 있는데, 이것은 우리가 동시에 2차원 세계 전체를 볼 수 있다는 뜻이다. 새디와 스머지가 꽤 근사한 바지를 입고 있더라도 우리는 그들의 알몸을 볼 수 있다! 우리는 그들의 내장을 보고 그들이 아침으로 무엇을 먹었는지도 알 수 있다(스머지는 소시지를, 새디는 토스트를 먹었다). 물론 새디는 누군가 자신의 내장을 본다는 걸 알 수 없다. 왜냐하면 그는 2차원 세계에 있는 것만 볼 수 있기 때문이다. 그는 페이지 밖에 있는 우리를 볼 수 없다.

끔찍한 점이 바로 이것이다. 4차원에 사람이 있다고 생각해 보자. 그들은 3차원 세계에 있는 우리 모두를 즉시 볼 수 있다. 그 말은 그들이 지금 책을 읽고 있는 여러분의 알몸도 볼 수 있다는 뜻이다. 또한 그들은 여러분이 아침으로 무엇을 먹었는지도 알 수 있다. 윽!

4차원 오 엑스 게임

어떤 사람들은 너무 똑똑해서 더 많은 차원을 상상하기도 했는데, 이것은 꽤 신기한 수학적 농담의 세계를 만들었다.

그게 재미없다고 생각하더라도 걱정하지 말도록. 그걸 알려면 여러분은 특별한 수학 두뇌를 가지고 있어야만 하니까. 대신에 우리는 아주 간단한 오 엑스 게임을 하도록 하겠다(어떤 사람들은 '틱택토 게임'이라고 부른다). 두 사람이 3×3 판에 차례대로 O와 X를 쓴다. 그리고 세 칸을 한 줄로 처음 이은 사람이 승자가 된다.

무엇보다도 우리는 우리의 귀한 손님을 데려와서 그들이 1차원 세계에서 게임을 하도록 해야 한다. 그들은 세 칸을 채워 한 줄로 만들기만 하면 된다. 하지만 불행하게도 1차원 버전에는 아주 작은 문제가 하나 있었는데….

이제 우리는 보통의 2차원 버전으로 게임을 할 것인데, 여기에는 가로세로 두 방향이 있다. 시작해 볼까?

고대 사람들은 오 엑스 게임을 더 재미있게 즐기는 방법을 알고 있었다. 그들은 격자판을 그리고 각각 3개의 말을 갖는다. 그리고 자신의 말을 정사각형 위에 놓고, 한 사람이 한 줄을 만들 때까지 차례대로 말을 움직인다. 말은 옆에 있는 빈 칸으로 움직일 수 있고 대각선 방향으로는 움직일 수 없다.

3차원 버전에서 움직일 때는 가로 방향으로 세 칸, 아래로 향하는 세 칸, 그리고 여러분 방향으로 향하는 세 칸을 채워야 한다! 규칙은 살짝 다르다. 플레이어들은 모든 칸이 채워질 때까지 차례대로 표시를 한 뒤 직선이 가장 많은 사람이 승자가 된다.

이해를 돕기 위해서 몇 개의 승리선을 표시했다.

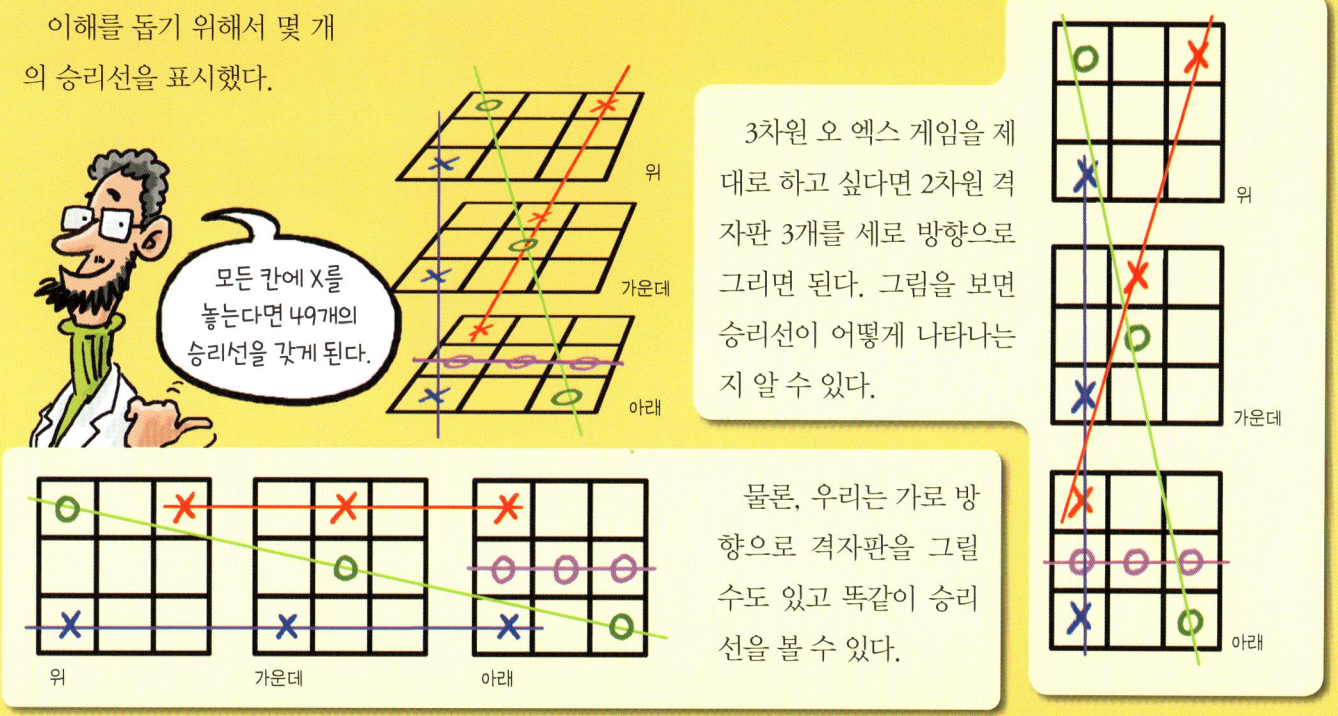

3차원 오 엑스 게임을 제대로 하고 싶다면 2차원 격자판 3개를 세로 방향으로 그리면 된다. 그림을 보면 승리선이 어떻게 나타나는지 알 수 있다.

모든 칸에 X를 놓는다면 49개의 승리선을 갖게 된다.

물론, 우리는 가로 방향으로 격자판을 그릴 수도 있고 똑같이 승리선을 볼 수 있다.

좋은 점! 양쪽 방향으로 격자판을 그린다면 우리는 4차원으로 이동하게 된다! 승리선을 그릴 수 있는 수백 가지 방법이 있다.

각 승리선은 어느 것이든 한 격자판 위에 놓이거나(마치 2차원 게임처럼) 세 격자판을 가로질러 간다.

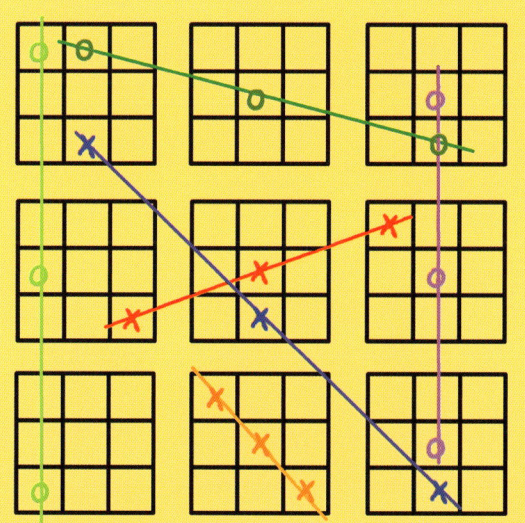

세 격자판을 가로질러 가는 선을 보면 격자판이 3차원 버전처럼 쌓여진 것이라 상상하면서 그 선이 직선인지 알아볼 것!

이제, 4차원 격자판을 그리고 친구들을 불러 게임을 해 보자. 친구들이 아침을 먹었는지 안 먹었는지는 알 수 없겠지만, 4차원에서 그 게임을 볼 수는 있을 것이다.

새디가 1차원 세계에 있는 왕과 왕비를 만나기 위해서는 2차원적이어야만 한다. 우리가 2차원 세계에 있는 새디를 만나기 위해서는 3차원적이어야만 한다. 하지만 만약 이 게임을 하는 동안 4차원으로 게임을 볼 수 있다면 여러분은 5차원에 있는 것이 틀림없다.

완벽해지는 방법

패션 잡지와 텔레비전 쇼는 우리에게 항상 외모를 완벽하게 가꾸는 방법을 알려 준다. 그래서 끔찍한 수학 예술 부서에서는 '몸짱' 대회를 열기로 결정했다.

예상대로 될 대로 되라는 식의 한 쌍이 와서는 우리를 감동시키려고 노력했다.

퐁고와 베로니카에게는 안 된 일이지만 그 둘 중 누구도 마지막 결승 진출자 셋보다 근사하지 않았다.

그러면 어느 것이 가장 완벽하게 보일까?

해바라기일까? 앵무조개 아니면 고대 그리스 건물? 결정하기가 무척 어렵다. 하지만 다행스럽게도 우리는 우리를 도와줄 이것을 가지고 있지. 이것은 황금직사각형이라고 불리는 것이다. 근사하지 않아?

황금직사각형

1
1.618

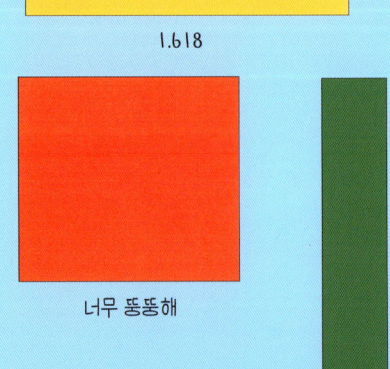

너무 뚱뚱해

너무 날씬해

수천 년 전에 사람들은 가장 멋있게 보이는 모양이 무엇인지 정하기 위해서 직사각형을 연구했다. 어떤 것은 너무 뚱뚱했고 어떤 것은 너무 날씬했는데 점점 길이의 비가 1.618대 1이 되는 직사각형으로 만들어졌다.

이 비율을 **황금분할** 또는 **황금비**라고 부르며, 고대 그리스어로 '파이'라고 부르는 특별한 자신만의 기호 ∅를 갖고 있다.

56

따끈따끈 두뇌 구역 — 황금직사각형을 그리는 방법

솔직하게 말하면 황금비율(∅: 파이)은 정확하게 1.618이 아니다.
가장 완벽한 비율이 나오는 공식은 이렇다.

$$\varnothing = \frac{1+\sqrt{5}}{2} = 1.6180339887498948482\cdots$$

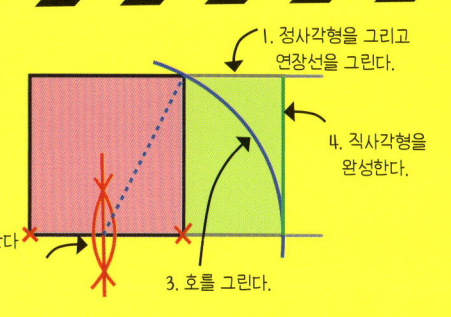

1. 정사각형을 그리고 연장선을 그린다.
2. 정사각형의 변을 이등분한다 (기억이 잘 나지 않는다면, 39쪽을 보자).
3. 호를 그린다.
4. 직사각형을 완성한다.

멋지게 되는 것과는 관계없이 이 직사각형에는 약간의 속임수가 있다. 정사각형을 잘라내면 남겨진 그 조각은 또 다른 황금직사각형이 된다. 좀 더 작겠지만 긴 변을 작은 변으로 나누어 보면 ∅를 얻을 것이다. 이 새로운 황금직사각형에서 또 정사각형을 잘라내면 더 작은 황금직사각형을 또 얻을 수 있다.

숫자 ∅는 자신만의 방법으로 똑같은 속임수를 쓴다. 만약 1÷1.618을 계산기에 입력하면 0.618이 나온다.

완벽한 몸매의 첫 번째 참가자를 불러올 시간이다. 아테네의 아크로폴리스 꼭대기에서 내려온 **판테온**을 환영해 주세요!

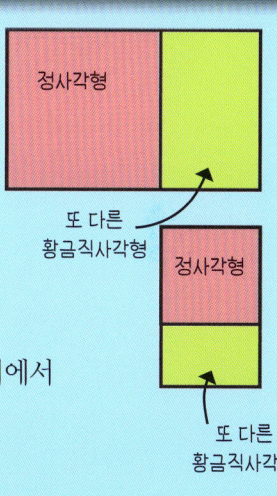

정사각형 / 또 다른 황금직사각형
정사각형 / 또 다른 황금직사각형

이 멋진 신전은 그리스의 지혜의 여신 아테나를 위해서 지어졌다. 지은 지 거의 2500년이나 된 것인데, 높이, 기둥, 지붕 구조물이 황금직사각형을 바탕으로 만들어졌다는 것을 쉽게 알 수 있다. 디자이너 중 한 명이 조각가 피디아스였고, 파이는 그의 이름에서 따온 것이다.

"훌륭해요."
"휴! 나처럼 완벽해 보이지는 않는군. 내 차례는 언제지?"
"너는 그다음일 거야. 우리는 피보나치를 만났다고!"

피보나치의 수열

레오나르도 피보나치는 1175년 이탈리아에서 태어났다. 그 당시에는 별로 유명하지 않았던, '똑바로 선' 피사의 탑이 근처에 세워지고 있었다. 70년이 흐르는 동안 그 탑은 '기울어지고 있는' 피사의 탑으로 유명해졌고, 피보나치는 유럽에서 위대한 수학자가 되었다. 그가 했던 일 중 가장 훌륭한 일로 평가받는 한 가지는 아라비아 숫자, 그러니까 지금 우리가 사용하는 숫자(0123456789)를 유럽에 알린 것이다. 피보나치가 아니었다면 우리는 아직도 이런 로마 숫자를 사용한 식 MDCCXXVIII ÷ LIV = XXXII(이것은 1728 ÷ 54 = 32)을 쓰고 있었을 것이다.

피보나치는 토끼 문제를 연구하는 중이었다(아마 토끼는 탑 아래에서 굴을 파고 있었고, 그것이 탑이 기울어지기 시작한 원인이었을 것이다. 우리는 이것이 아주 그럴싸하다고 생각하지는 않았지만, 나중에 사실로 밝혀진다. 여기서 처음 읽었다는 것을 기억하도록!).

토끼 문제는 대여섯 개의 형태가 있지만 모두 똑같은 결론이 나온다. 이 형태는 한 쌍의 토끼로부터 시작한다. 한 달 후에 토끼 한 쌍은 다른 한 쌍을 낳는다. 또 한 달 뒤에 또 다른 한 쌍이 만들어지고 그다음에는 멈춘다. 새로 태어난 토끼도 또 두 달 동안 두 쌍을 낳는다. **각 달에는 토끼가 몇 쌍 태어날까?**

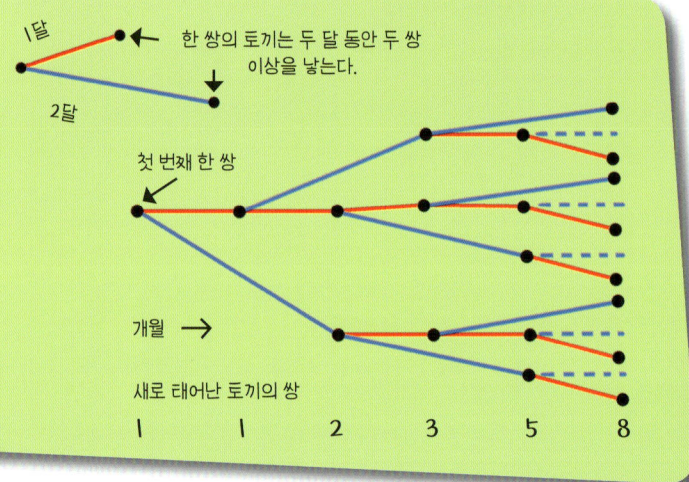

답은 이러한 숫자의 배열과 일치한다.

0   1   1   2   3   5   8   13   21   34   55   89   144   233   377…

별로 하는 일이 없는 0에서 시작한다. 수학에서 많은 훌륭한 것들이 그러하듯이 하나를 집어넣음으로써 계속되는 수열을 얻게 된다. 다음으로 두 수를 더하면 되는데, 0+1=1이 되고 계산 결과를 바로 옆에 쓴다. 그리고 마지막 두 수를 더해 1+1=2 가 나오면 2를 1 옆에 이어서 쓴다. 다시 1+2=3이 나오고 다시 2+3=5, 이런 식으로 이어 나간다. 계속 써 가면 55+89=144라는 것을 알게 될 것이다. 이것은 끝없이 이어진다.

이 수열에서 숫자를 하나 고르면서부터 재미있어지는데, 이 수를 앞에 나왔던 수로 나누어 보라. 그러면 숫자가 커질수록 파이(ϕ)에 가까워진다는 것을 알게 될 것이다.

8을 골랐다면 5로 나누어야 한다. 그러면 1.6이 나온다. 이것도 1.618에 꽤 가깝다. 그런데 34÷21을 하면 1.619가 나온다. 좀 더 가깝다!

계산하는 것이 싫다면 황금 직사각형을 이용해서 피보나치 수열과 연결할 수 있는 다른 방법이 있다.

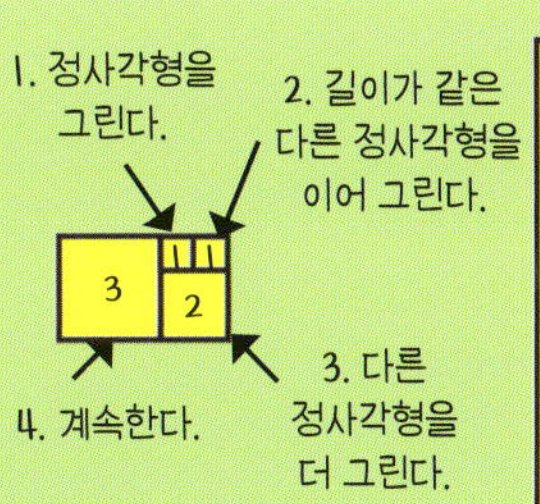

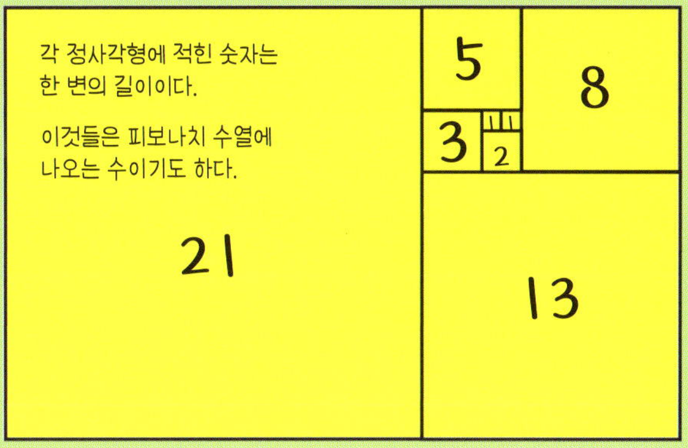

작은 정사각형을 하나 그린다. 그 한 변에 붙여서 똑같은 정사각형을 하나 더 그린다. 그리고 또 다른 정사각형을 처음 두 개의 정사각형에 붙여서 그린다. 그리고 또 다른 것, 또 다른 것, 계속 정사각형을 이어서 그릴수록 모양은 황금직사각형에 가까워진다.

두 번째 참가자가 얼마나 완벽한지 알아볼 시간이다. 지금 막 인도양을 건너 온, 수백만 년 전의 외모와 비슷한 참가자! 여러분 앵무조개를 환영해 주세요!

1. 정사각형을 그린다.
2. 길이가 같은 다른 정사각형을 이어 그린다.
3. 다른 정사각형을 더 그린다.
4. 계속한다.

각 정사각형에 적힌 숫자는 한 변의 길이이다.

이것들은 피보나치 수열에 나오는 수이기도 하다.

안녕, 사촌!

정사각형 세트가 있다면 그냥 따라 그린 다음에 각 정사각형의 한 변을 반지름으로 하는 호를 그려 넣으면 앵무조개의 껍데기와 거의 같은 나선 구조 모양을 얻을 수 있다(각각의 사각형에는 원의 4분의 1이 들어 있다).

사이클론과 수백 마일에 걸쳐져 있는 구름의 위성 사진에서 보는 것과 똑같은 나선형이다.

그게 뭐가 그렇게 완벽해?

껍데기 모양이 등각나선이라고!

그건 아무것도 아니야. 나선은하를 봐야 해 (나선은하가 궁금하다면, 95쪽을 보자).

피보나치 수열에 관한 다섯 가지 이상한 점
0-1-1-2-3-5-8-13-21-34-55-89

1. 셋째 수마다 짝수이다.
   (피보나치 수열은 일반적으로 1부터 시작한다)

2. 마일을 킬로미터로 바꿀 수 있다!

마일(Miles)	5	8	13	21	34	55
킬로미터(Km)	8	13	21	34	55	89

3.

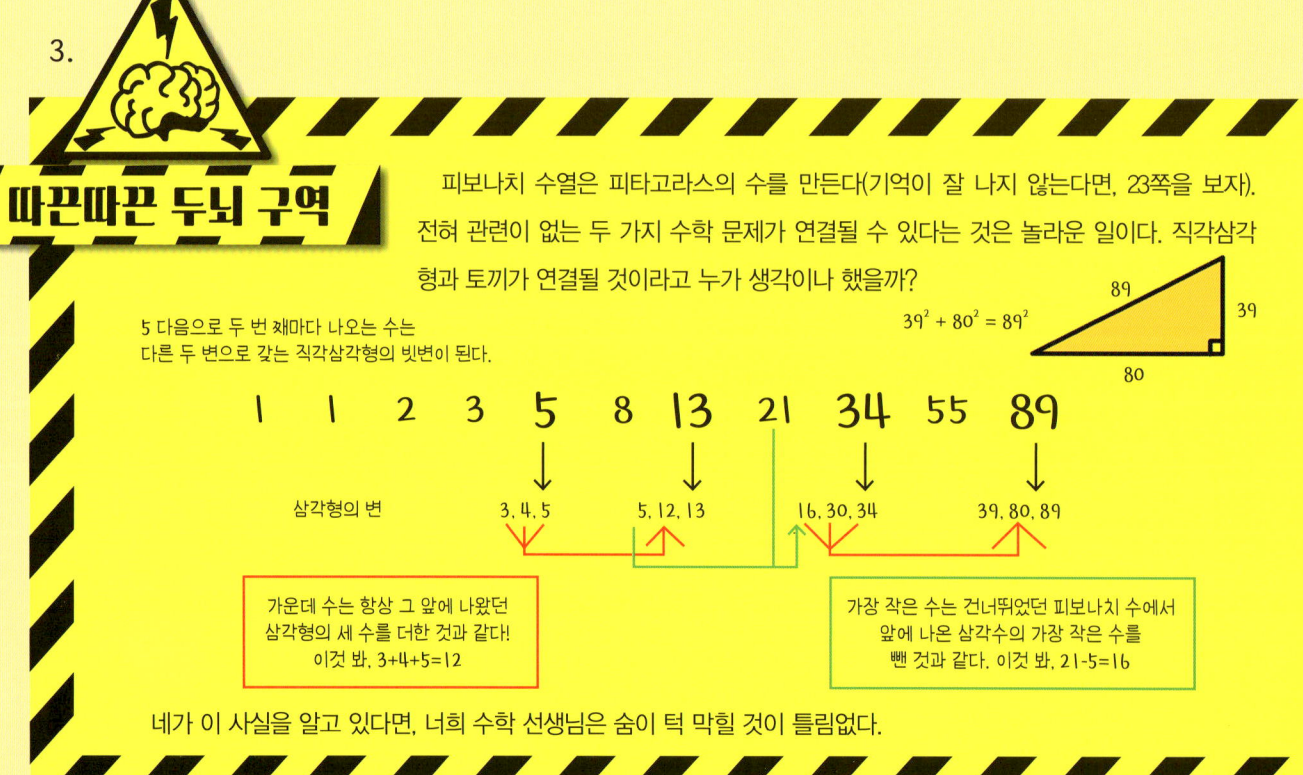

따끈따끈 두뇌 구역

피보나치 수열은 피타고라스의 수를 만든다(기억이 잘 나지 않는다면, 23쪽을 보자). 전혀 관련이 없는 두 가지 수학 문제가 연결될 수 있다는 것은 놀라운 일이다. 직각삼각형과 토끼가 연결될 것이라고 누가 생각이나 했을까?

$39^2 + 80^2 = 89^2$

5 다음으로 두 번 째마다 나오는 수는 다른 두 변으로 갖는 직각삼각형의 빗변이 된다.

1 1 2 3 **5** 8 **13** 21 **34** 55 **89**

삼각형의 변: 3, 4, 5   5, 12, 13   16, 30, 34   39, 80, 89

가운데 수는 항상 그 앞에 나왔던 삼각형의 세 수를 더한 것과 같다! 이것 봐, 3+4+5=12

가장 작은 수는 건너뛰었던 피보나치 수에서 앞에 나온 삼각수의 가장 작은 수를 뺀 것과 같다. 이것 봐, 21-5=16

네가 이 사실을 알고 있다면, 너희 수학 선생님은 숨이 턱 막힐 것이 틀림없다.

4. 우웩! 찰거머리 박사가 선물용 뽀뽀진드기를 가지고 왔다. 그것들은 서로 다른 상자에 따로 떨어져 있었지만 끊임없이 상자 벽을 기어올라 가서 서로 입을 꽉 물고 있다. 우리는 붙어 있는 뽀뽀진드기들을 한 줄로 늘어놓고 어떤 다른 모양이 가능한지 세어 볼 수 있다. 역겨움을 견딜 수만 있다면….

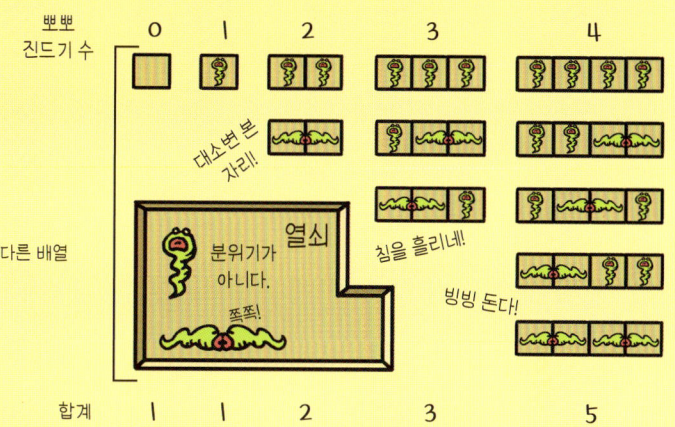

5. 파스칼의 삼각형에서도 피보나치 수를 찾을 수 있다.
(파스칼의 삼각형에 대해 알고 싶다면, 81쪽을 보자)

이제 해바라기가 왜 완벽한지 알아보자.

나뭇잎이 줄기에 붙어 있는 방법을 살펴보자.

가장 아래쪽에 붙어 있는 나뭇잎을 0이라고 하자. 빨간 달팽이가 구불구불한 줄기를 타고 올라간다. 나뭇잎을 차례로 지나가면서 흔적을 남기고 있다.

똑바로 자라는 해바라기 화분을 가지고 있으며 해바라기를 심은 뒤로 그 화분이 움직이지 않았다면, 달팽이가 나뭇잎을 5장 먹고 나서는 다시 나뭇잎 0 바로 위에 있게 된다. 또한 빨갛고 끈적끈적한 흔적이 2바퀴 줄기를 타고 있는 것도 발견될 것이다.

만약 파란 달팽이가 올라가고 있다면 다른 방향으로 구불구불 올라가면서 줄기를 3바퀴 돌 것이다.

2+3=5. 이것은 피보나치 수열에서 나올 수 있는 숫자 중의 하나이다. 이 배열은 나뭇잎이 서로서로 햇빛을 가로막는 방향으로 자라지 못하게 하는 아주 훌륭한 방법이다.

61

거의 모든 식물은 나뭇잎이나 꽃잎이 자라는 방법에서 피보나치 수열과 연결되어 있다. 만약 여러분이 방울 양배추의 잎을 하나씩 떼어 낸다면, 잎이 다시 규칙적인 나선형으로 자라는 걸 알 수 있을 것이다.

해바라기 머리에 있는 씨앗의 배열에서도 피보나치 수열이 증명된다. 자세히 들여다보면 한 방향으로 향하는 34개의 나선이 보이고, 다음에는 55개의 나선이 다른 방향으로 있는 것이 보인다.

음악의 ♪♫음

끔찍한 수학 건물의 식당에서 온 갖 종류의 소리가 흘러나오고 있다. 폭스워스 저택에서 온 사람들은 오늘 밤 콘서트로 우리를 즐겁게 해 주겠다고 했고, 빙키 스몰브레인은 건반과 파이프로 자신만의 오르간을 만들겠다고 했다.

이제 빙키의 건반이 어떻게 되고 있는지 알아보러 가자.

건반은 몇 개의 음이 모여 만들어지는 옥타브들로 이루어진다. 여기 있는 두 개의 'C'음은 1옥타브 떨어져 있는 것이다. 낮은 C음에서 시작하여 검은 건반까지 포함하여 한 번에 한 음씩 올라간다면 이것들은 모두 반음으로 각 음은 앞에 있던 음보다 높게 들린다(만약 진짜 건반으로 이것을 연주한다면 그것은 하나의 영화 음악처럼 신나게 들릴 것이다. 오오오어!). 12개의 반음을 모두 쳤다면 그 옥타브의 마지막 음까지 간 것이다.

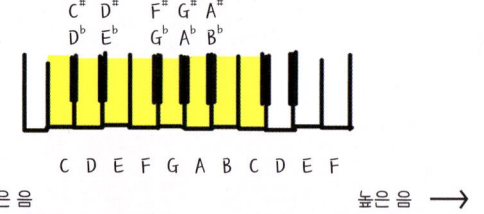

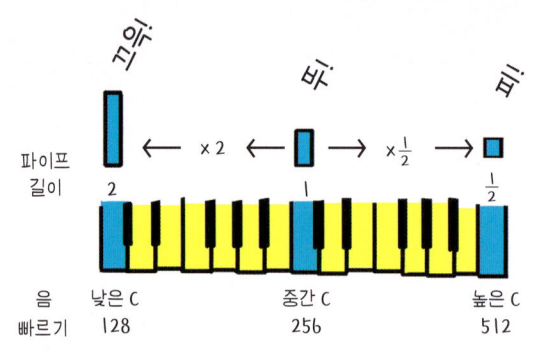

빙키가 건반의 키를 누르면 파이프 안에 있는 공기가 떨리면서 소리가 들린다. 공기가 빠르게 떨릴수록 소리는 더 높은 음이 된다. 파이프에서 공기가 떨리는 것이 1초에 256번 만들어지면 그것을 주파수 256이라고 한다. 이 주파수는 가운데 C음을 들려 준다(어떤 사람들은 가운데 C를 262 또는 264라고도 하는데 우리는 256이라 할 것이다. 그게 계산이 더 쉬우니까!).

만약 파이프를 반으로 자른다면 주파수는 두 배인 512가 되어서 음은 한 옥타브 높은 소리가 난다. 이것은 높은 C이고, 두 음을 동시에 연주하면 완벽하게 조화를 이룬다.

만약 파이프의 길이를 두 배로 한다면 낮은 C를 얻을 수 있다. 그렇게 하려면 파이프를 잇기 위해 용접을 할 누군가가 필요할 것이다.

파이프의 길이를 반으로 줄이거나 두 배로 늘리면 땅을 쿠릉쿠릉 울리는 낮은 C음부터 박쥐도 죽일 수 있는 날카로운 높은 C음까지 전 범위의 C음을 얻을 수 있다. 그렇다면 빙키가 다른 음을 얻으려면 어떻게 해야 할까?

방법은 이렇다. 파이프를 $\frac{2}{3}$ 길이로 잘라 나가면 더 높은 일곱 개의 반음을 얻을 수 있다. 중간 C 파이프에서 시작하여 길이가 $\frac{2}{3}$가 되도록 계속 잘라 나가면 음의 순서는 C-G-D-A-E-B가 된다. 그럼 좀 더 흥미진진해진다. 만약 B 위의 일곱 개의 반음을 센다면 여러분은 F 바로 위에 있는 검은 건반으로 가게 되는데 그것은 F# 또는 F샵이라고 불리는 것이다. 그러면 차례로 C#, G#, D#, A# 그리고 F, 마지막으로 박쥐를 죽이는 C.

이것이 건반 위에 음이 놓이는 방법이다.

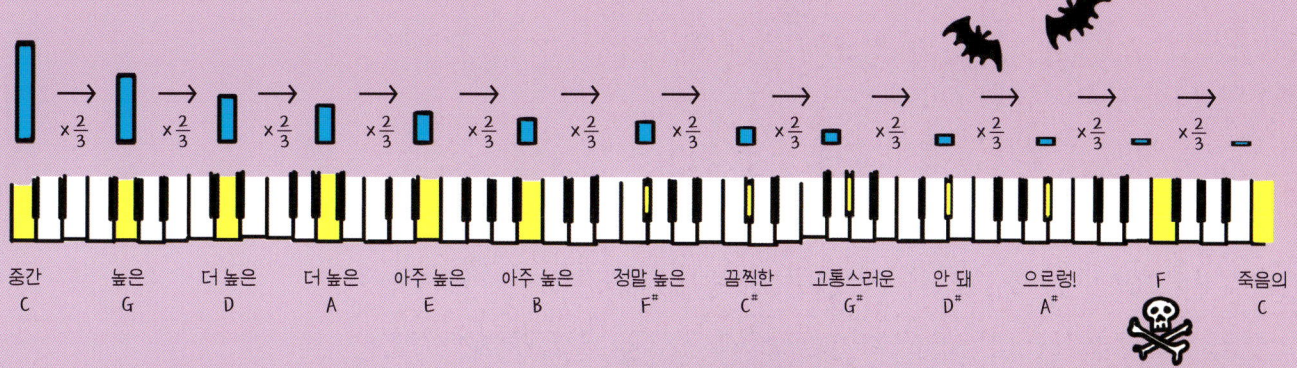

이 음을 만들었다면 이제 파이프의 길이를 두 배로 해서 건반의 나머지를 채울 수 있다. 하지만 괜찮은 F음을 얻기 전까지 시간이 꽤 걸릴 것이다. C 파이프를 $\frac{2}{3}$로 열한 번 잘라야 극단적으로 위험한 높은 F를 얻을 수 있을 것이다. 이 F들 중에서 64개를 가져와서 모두 용접을 하면 중간 C 위에 있는 F음을 만들 수 있다.

C 파이프에서 시작했을 때는 길이를 $\frac{2}{3}$배로 해서 일곱 개의 반음을 올리면 G를 얻을 수 있었다. 하지만 우리가 파이프를 $\frac{2}{3}$로 나누면 우리는 일곱 개의 반음을 내려가게 되고 매우 낮은 F로 가게 된다.

분수로 나눈다는 것은 분수의 분자와 분모를 바꾸어서 곱하는 것과 같다. 따라서 2로 나누고 3을 곱하는 셈이다. 이 말은 우리가 C 파이프를 구하고 그 길이의 반만큼을 더 붙여야 한다는 뜻이다.

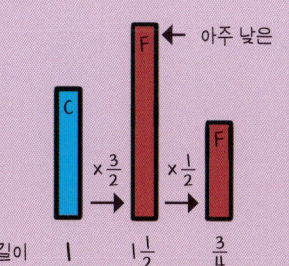

매우 낮은 F는 많이 쓰이지 않는다. 따라서 우리는 그것을 반으로 잘라서 보통의 F를 얻을 수 있고, 그것이 정확하게 C 파이프의 $\frac{3}{4}$인 것을 알게 될 것이다.

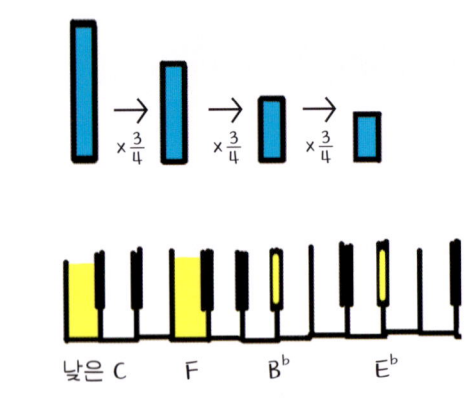

만약에 하나의 파이프를 $\frac{3}{4}$으로 자르면 그 음은 5반음 올라간다. C 파이프로 하면 F음을 얻는 것이고, 다른 음들은 더 빨리 얻을 것이다. F 다음에 나오는 것은 B^b 또는 B플랫이라고 하는데, B 아래에 있는 검은 음이다. 그다음에는 E^b, A^b, D^b, G^b, 다음으로는 B, E, A, D, G 그리고 마지막으로 또 다른 죽음의 C를 얻는다.

따라서 간단한 분수 $\frac{1}{2}$, $\frac{2}{3}$, $\frac{3}{4}$을 사용하거나 파이프의 길이를 두 배로 해서 음악에 쓰이는 모든 음을 구할 수 있다. 정말 깔끔하지?

왜 여러분의 건반은 절대로 음정이 맞지 않는 걸까?

여러분은 우리가 파이프를 $\frac{2}{3}$로 잘랐을 때 반음인 샵음을 만들었으며, $\frac{3}{4}$으로 잘랐을 때는 플랫음을 만들었다는 것을 알 것이다. 건반에서는 샵이나 플랫 둘 다 검은색을 사용한다. 하지만 그것은 완전히 같지 않다! 대부분의 하얀 음들도 아주 조금씩 틀리다.

여러분이 가운데 C 파이프로 매우 높은 B음을 만들고 싶다고 생각해 보자. 이것은 가운데 C 위로 35반음을 가야 한다. 따라서 2가지 선택이 가능하다.

- $\frac{2}{3}$씩 다섯 번을 자른다. 길이는 이렇게 될 것이다. $\frac{2 \times 2 \times 2 \times 2 \times 2}{3 \times 3 \times 3 \times 3 \times 3} = \frac{32}{243} = 0.1317$

- $\frac{3}{4}$씩 일곱 번을 자른다. 길이는 이렇게 될 것이다. $\frac{3 \times 3 \times 3 \times 3 \times 3 \times 3 \times 3}{4 \times 4 \times 4 \times 4 \times 4 \times 4 \times 4} = \frac{2187}{16384} = 0.1335$

길이가 같지 않다. 왜냐하면 두 개의 B음은 다르기 때문이다. 만약 아주 훌륭한 바이올린 연주자라면 자신이 어떤 B음을 원했을 때 손가락으로 바이올린 줄의 어떤 위치를 눌러야 그 음을 얻을 수 있는지 알 것이다. 건반이 앞에 있을 때는 그것을 두드리면서 큰 소리로 노래를 부르기만 하면 된다. 물론 노래에 자신이 있다면.

무작위 생각 부서

발밑을 조심해. 여긴 좀 이상하거든. 무작위 생각 부서는 우리가 새로운 아이디어를 얻기 위해 오는 곳이다. 그리고 그것이 '참'인지 '거짓'인지 확인하는 곳이다. 새로운 아이디어들은 '정리'라고 불리는데 나중에 보여 주고 싶을 만큼 매우 특별하다. 이것은 어떤 수나 측정을 포함하지는 않지만 이것을 밝혀낼 수 있다면 영원히 유명해질 것이다. 정리는 어떤 것에 관해서도 가능하다. 우선 감자칩부터 시작해 보도록 하자.

감자칩 정리

이것은 두 개의 서로 다른 모양의 감자에서 똑같은 모양의 감자칩을 두 조각 자를 수 있게 해 주는 방법이다. 두 개의 감자가 어떤 모양인지는 관계가 없다. 게다가 자르는 방법도 무한하다. 증명할 수도 있다.

하지만 주의해야 한다. 어떤 사람은 이것이 좀 무섭다고 생각할 것이다. 왜냐하면 우리가 유령 감자를 사용할 것이므로.

두 개의 유령 감자가 있는데 그것이 서로 통과할 수 있다고 상상해 보자. 둘을 같이 밀면 겹쳐질 수도 있다.

두 개의 서로 다른 껍질이 만나는 곳을 그려 보면 거기에 감자칩이 있다!

두 개의 감자로부터 자를 수 있는 감자칩

껍질이 만나는 곳을 따라가는 둥근 선

팬케이크 정리

식탁 위에 모양과 크기가 다른 팬케이크가 두 개 놓여 있더라도, 단 한 번만 잘라서 두 개 모두를 정확하게 반으로 나누는 방법은 있다.

이야! 이것은 우리가 실험해 보고 싶은 그런 종류의 일이다. 그래서 우리를 도울 사람으로 퐁고 맥위피를 데려 왔다. 그의 팬케이크는 매우 사랑스럽게 빛나는 갈색이었다. 고맙게도 팬케이크는 퐁고의 특별한 첨가물 덕분에 방수가 가능했다.

광택제 니스를 넣었어!

심지어 퐁고의 팬케이크는 스케이트보드의 끝부분을 물어뜯는 것 같은 맛이었지만 구부러지지 않아서 안성맞춤이었다. 퐁고가 팬케이크를 빨대 위에 올려서 균형을 잡아야 했기 때문에 이것은 무척 중요하다.

퐁고가 균형을 잡을 수 있는 지점을 발견해서 그곳에 조그맣게 X 표시를 한다. 그것을 무게 중심이라고 부른다. 두 무게 중심을 지나는 직선을 그으면 직선 위쪽의 팬케이크 반쪽 무게는 아래쪽 두 개와 똑같다.

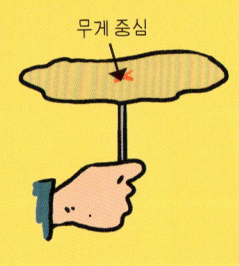
무게 중심

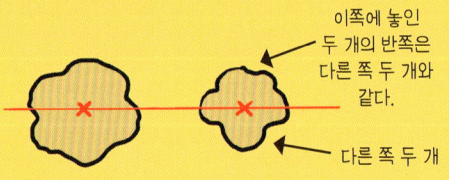
이쪽에 놓인 두 개의 반쪽은 다른 쪽 두 개와 같다.
다른 쪽 두 개

여러분은 이 위대한 정리를 발견한 아서 스톤과 존 터키를 존경해야만 한다. 특히 이어서 나오는 정리를 본다면.

햄 샌드위치 정리

햄 샌드위치를 완전히 공평하게 나누지 않은 것에 대해서는 변명의 여지가 없다.

팬케이크 정리는 두 개의 평면에 대해서 다루고 있다. 하지만 3차원으로 옮겨 가면 한 번에 세 가지를 똑같이 반으로 잘라야 한다. 이것을 시험하기 위해서는 빵 두 조각(모양이나 크기는 관계없다) 그리고 가운데 들어가는 슬라이스 햄이 필요하다. 이 정리는 채식주의자를 위해 꿀을 넣어 보는 것은 좋지 않다고 충고하고 있다.

이 세 조각은 각각 가운데 어딘가에 무게 중심이 있는데 각 조각의 무게 중심은 실과 하이파워 레이저 빔을 이용하면 쉽게 찾을 수 있다(그림으로 그리면 아래와 같다).

실과 레이저 빔을 이용하여 어떤 덩어리의 무게 중심을 찾는 방법

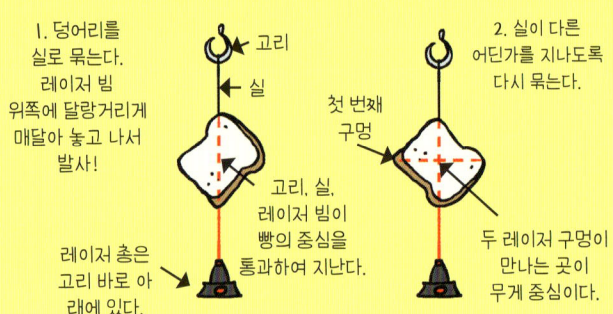

샌드위치를 배열하는 방법은 문제가 아니다. 세 조각의 무게 중심을 모두 지나가는 게 확실하다고 생각할 때 자르면 각 조각은 정확하게 반으로 나눠질 것이다. 여러분이 자르는 것은 수직보다는 약간 기울어져야 할지 모르겠으나 가능하다.

아서와 존은 4차원에서는 정확하게 네 조각으로 나눌 수 있고, 5차원에는 정확하게 다섯 조각으로 나눌 수 있다고 말해 왔으나, 슬프게도 우리는 아직 5차원 샌드위치를 발명하지 못했기 때문에 그것을 실험해 볼 수는 없다.

왜 지구 위 어딘가에서는 항상 사이클론이 불고 있을까?

만약 당신이 아주 똑똑하다면 기다란 숫자와 죽은 곤충처럼 보이는 재미있는 기호와 문자를 이용해 설명할 수 있겠지만, 대부분의 평범한 사람이 무슨 뜻인지 모르는 가장 아름다운 정리 중의 한 가지가 고정점 정리일 것이다. 하지만 이 정리에서 몇 가지 신기한 것을 알 수 있다.

- 두 개의 숫자판을 그린다. 하나는 종이 위에 하나는 비닐 위에.
- 비닐을 구겨서 종이판 위에 떨어뜨린다.
- 종이 위에 있는 숫자 중 하나와 비닐에 적힌 숫자 하나는 언제나 닿게 되어 있다.

이것이 사실일 리가 없다고 생각하겠지만, 사실이다.
고정점 정리는 어디에서나 나타난다. 심지어 퐁고의 푸드 트럭 밖에서도 볼 수 있다.

어느 날 아침 끔찍하게 사랑스러운 베로니카 검플로스가 10시에 퐁고의 푸드 트럭을 지나서 개스 거리로 걸어간다. 그녀는 남자들과 이야기하려고 몇 번을 멈췄고, 립스틱을 몇 번 바른다. 마침내 정확히 11시에 초콜릿 분수 가게에 도착한다. 다음 날 베로니카는 반대 방향으로 움직인다. 그녀는 초콜릿 분수 가게를 10시에 떠나서 개스 거리를 따라 걸어가면서 립스틱과 이야기를 하고 남자들을 바르느라고 몇 번 멈췄다가 정확히 11시에 퐁고의 푸드 트럭에 도착한다.

이상한 점은 이것이다. 그녀가 이틀 동안 거리를 걸으면서 똑같은 시간에 지나간 장소가 딱 한군데뿐이라는 것! 도저히 있을 수 없는 일 같이 들리겠지만 그것은 사실이다. 두 명의 베로니카가 있다고 가정해 보자. 둘은 같은 날 같은 시간에 걸어갔다. 립스틱을 몇 번 바르고 남자들을 몇 번 만났는지는 중요한 문제가 아니다. 같은 시간에 두 명의 베로니카는 서로 엇갈린다. 언제 어느 때고 같은 시간, 그리고 같은 장소에서 그 일이 일어난다는 사실.

고정점 정리에서 가장 이상한 점은 왜 지구 어딘가에서는 항상 사이클론이 발생하는가이다 (사이클론은 토네이도나 회오리바람 같은 것이다. 그것은 한가운데에서 위로 곧장 올라가는 한 줄기 바람을 따라 공기의 소용돌이가 일어나는 것이다. 마치 세면대나 욕조의 마개를 뺐을 때 물이 흘러내려 가는 모양과 같다).

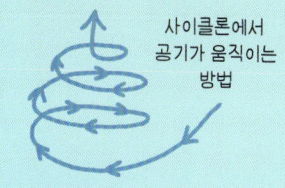

사이클론에서 공기가 움직이는 방법

머리를 모두 평평하게 빗게 되면 어떤 일이 생길까?

뾰족한 머리카락으로 덮인 축구공을 하나 가지고 있다고 상상해 보자. 모든 머리카락을 평평하게 빗으려고 하지만 그렇게 할 수가 없다. 항상 적어도 한 가닥은 삐죽 튀어나오게 된다(이것이 고정점 정리의 '고정점'이다). 여기서 축구공은 지구이고 각 머리카락은 바람이 부는 방향을 나타내는 화살표이다. 튀어나온 머리카락은 바람이 위로 똑바로 올라가는 지점을 말하며, 그것이 바로 사이클론의 중심이 된다.

영원한 명성을 얻는 방법

방법은 크기나 모양에 관계없이 여러 나라가 들어간 지도를 그리는 것이다.

 이 작은 지도는 규칙을 따라야 하는데, 무엇이냐 하면 같은 색은 오로지 꼭짓점에서만 만나야 한다는 것이다.

이 지도에서는 빨간색과 회색 나라가 국경을 맞대고 있기 때문에 추가로 다른 색이 필요하다.

  이 두 지도를 규칙에 맞게 그리려면 네 가지 색이 필요하다.

여기 까다로운 부분이 있다.
4색 지도 정리는 네 가지 이상의 색은 절대 필요하지 않다 (지도가 얼마나 복잡한지는 중요하지 않다).

지도에 색을 칠할 때는 잘못 칠하지 않도록 확인해야 한다.

 지도 위에 표시된 공간에 칠하기 위해서 다섯 번째 색이 필요할까?

하지만 만약 색깔이 정확하게 계획되어 있다면 네 가지 색으로 각 경계마다 다른 색을 칠할 수 있다.

좋은 점은 어떤 지도에도 네 가지 색 이상은 필요 없다는 것을 아무도 절대 믿지 않는다는 점이다. 영원히 유명해지는 방법이 바로 여기에 있다.

한 가지 방법은 적어도 다섯 가지 색이 필요한 지도를 디자인하는 것이다. 또는 오직 네 가지 색만 필요하다는 것을 증명하는 것이다. 이것은 까다로워 보인다. 1976년에 그것을 증명할 것만 같은 컴퓨터 프로그램이 있었지만 답이 너무 복잡해서 아무도 그것을 이해하지 못했다. 수학의 세계에서는 사랑스럽고 간단한 답을 기다린다! 이것은 정말로 옆길로 새는 생각이 필요하다. 그렇게 해서 답을 찾아낸다면 여러분은 커피로 얼룩진 팬레터를 받게 될 것이고, 전 세계를 다니며 이상한 헤어스타일과 기묘한 신발을 신은, 사랑스럽게 미친 사람들과 함께하는 강연을 하게 될 것이다.

4색 지도 이론은 실제 지도에는 적용할 수 없다. 왜냐하면 사람들은 보통 나라는 어떤 색이든 관계없다고 생각하지만 바다나 호수는 파란색이기를 원하기 때문이다. 두 개 이상의 영역을 같은 색으로 칠해야만 한다면 아마도 네 개 이상의 색이 필요할 것이다. 여기에는 그 네 가지 색에 호수와 바다를 위해서 파란색이 추가로 더 필요하다.

한 붓 낙서

끊어지지 않는 하나의 선으로 계속 고리를 그려 나간다면 3가지 색 이상은 절대 필요하지 않다.

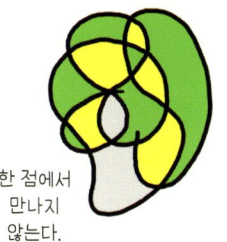

만약 선의 두 끝부분이 겹쳐진다면 딱 두 가지 색만 있으면 된다!

그림스테이트에서 탈출하기

만약 서로 겹치지 않는 커다란 고리를 그린다면 뭔가 이상한 일이 일어날 수 있다. 아래 사건이 그렇다.

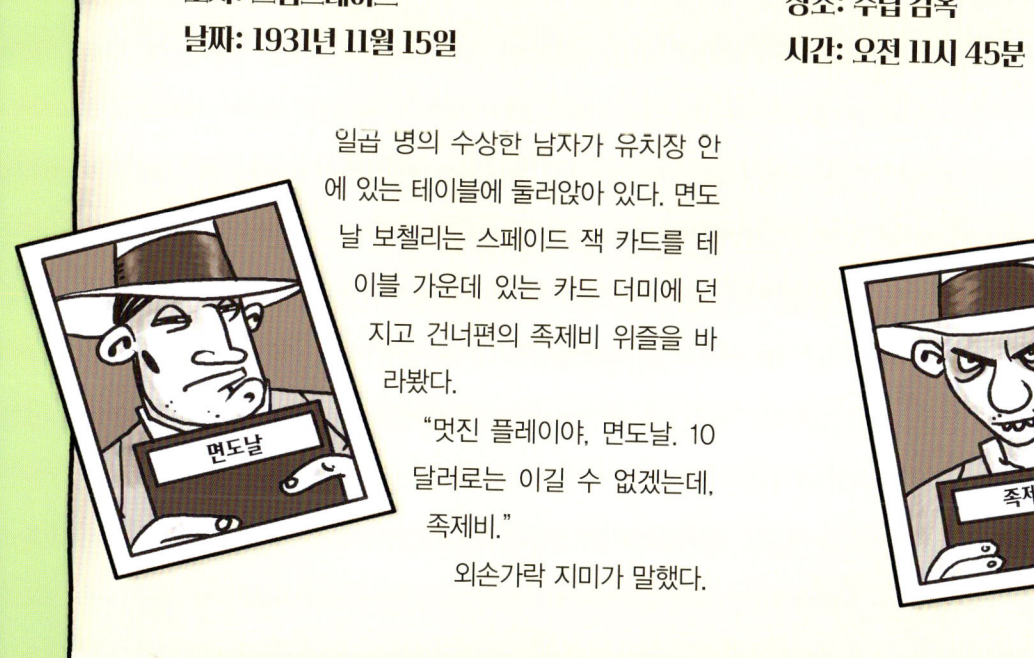

도시: 그림스테이트
날짜: 1931년 11월 15일

장소: 주립 감옥
시간: 오전 11시 45분

일곱 명의 수상한 남자가 유치장 안에 있는 테이블에 둘러앉아 있다. 면도날 보첼리는 스페이드 잭 카드를 테이블 가운데 있는 카드 더미에 던지고 건너편의 족제비 위즐을 바라봤다.
"멋진 플레이야, 면도날. 10달러로는 이길 수 없겠는데, 족제비."
외손가락 지미가 말했다.

반쪽 미소

반쪽 미소 가브리아니가 위즐의 어깨를 세게 쿡 찔렀다.
"이것 봐, 동생. 보첼리가 이기게 놔둘 수는 없잖아!"
족제비는 손가락을 한 번 우두둑 꺾더니 번개 같은 손놀림으로 카드 더미 위로 다이아몬드 잭 카드를 획 던졌다.
"스냅!"
일곱 명의 남자가 함께 소리쳤다.
"우리가 먼저야!"
"너는 아니야."
"우리가 거짓말쟁이라는 거야?"
그러자마자 남자들은 펄쩍 뛰어올라 무기가 든 재킷으로 손을 뻗었다. 하지만 곧 그들은 아무것도 없다는 것을 깨달았다. 어리석었다고 느끼며 그들은 다시 자리에 앉았다.
"그래서 어쨌든 몇 점이야?"
족제비가 가장 날씬한 남자에게 물었다.
"우리에게 23,617달러를 빚졌어."
넘버스가 말했다.
"그렇군. 하지만 누가 신경이나 쓴대?"
면도날이 씩 웃으며 말했다.
"우리가 여기에 있는 한 너는 휘파람을 불어야 할 거야."
그들은 모두 웃었다. 보첼리와 가브리아니가 함께 웃는 것은 드문 일이었다. 하지만 유치장은 따뜻했고 음식은 공짜였다. 바깥에서 보내는 것보다 생활하기는 훨씬 쉬웠다.
하이힐이 또각거리는 소리와 자욱한 향수 냄새가 복도를 따라 풍겨 왔다. 돌리 스노립스였다.

"일어나, 꼬마들. 면회 시간이야. 내가 좋은 뉴스를 가지고 왔어. 주지사가 너희 운동을 허락했어."
"운동?"
남자들은 모두 흥분해서 소리쳤다.
"고맙지만 사양이야, 돌리."
면도날이 말했다.
"우리는 그냥 여기가 좋아."
"이것 봐, 게으름뱅이들."
거친 남자 목소리가 열쇠를 돌리는 소리와 함께 들려왔다.
"돌리는 너희가 건강하기를 바라는 거야. 내가 운동장을 마련했으니 달리기를 하면서 너희의 건강을 유지하도록 할 거야."
"어떻게 달리기가 우리를 건강하게 할 수 있죠?"
"왜냐하면 만약 너희가 달리지 않으면 손톱총이 너희를 잡을 테니까."

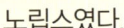
스노립스

넘버스 / 전기톱

손톱총

삼겹살

갑자기 독수리 발톱 같은 이빨을 가진 개가 으르렁거리며 유치장 안으로 뛰어들어 왔다. 그러자 일곱 명의 수상한 남자들이 모두 비명을 지르며 밖으로 달려 나갔다.

주지사는 돌리에게 운동 구역을 어떻게 디자인했는지 미리 보여 주었다.

"이건 위에서 내려다본 그림입니다. 가운데 구역만 보여 주긴 하지만 적어도 손톱총이 어디 있고, 녀석들이 어디 있는지는 알 수 있지요."

주지사가 설명했다.

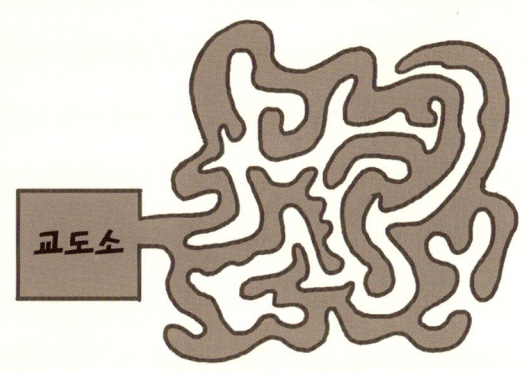

열쇠: B-면도날, P-삼겹살, J-외손가락, H-반쪽 미소, C-전기톱, N-넘버스, W-족제비, D-손톱총

울타리는 교도소 뒷문에 고정되는 하나의 커다란 고리 모양으로 만들 계획이었다. 하지만 도착한 울타리가 예상보다 훨씬 길어서 고리는 아주 복잡한 모양이 되었고, 다행히 서로 겹치지는 않았다.

주지사는 위쪽 사무실에서 멋진 영화 상영 기계를 만지작거리고 있었다.

"그들이 어떻게 지내고 있는지 보고 싶으세요? 스노립스 양?"

주지사가 물었다. 그가 스위치를 켜자 운동장의 일부를 보여 주는 화면이 나타났다.

돌리는 그림을 빤히 바라보다가 활짝 웃었다.

"이런 말하긴 싫지만, 주지사님은 이 울타리 어딘가에 허점을 만들었어요. 만약 손톱총이 안쪽에 있다면 저 녀석들 중 셋은 바깥쪽에 있게 돼요!"

돌리는 어떻게 알았지?

주지사가 보여 준 처음 그림의 색칠된 부분을 보면 울타리의 한쪽은 언제나 안쪽에, 그리고 다른 쪽은 바깥쪽에 놓여 있다는 것을 알 수 있다. 안쪽에서 시작해서 울타리를 홀수 번 넘어가면 바깥쪽에 도착할 수 있다. 울타리를 짝수 번 넘어가면 다시 안쪽으로 들어갈 수 있다. 개가 있는 곳에서 시작하여 울타리를 몇 번 넘어가야 각각의 건달이 있는 곳으로 갈 수 있을까? 저들 중 어떤 세 사람이 도망쳤는지 알겠어?

내기에서 이기는 방법

동전 던지기, 주사위 굴리기, 카드 게임에서 이길 수 있는 놀라운 방법이 있다. 여러 가지 놀라운 수학 문제와 마찬가지로 이것도 1을 쌓아 나가는 걸로 시작한다.

삼각형의 각 변을 따라 칸마다 1을 쓴다.

꼭대기에서 시작하여 각 칸을 메워 나간다. 각 숫자는 위에 있는 두 수를 더한 것이다.

이 삼각형은 줄이 열 개뿐이지만 곧 알게 될 것이다. 영원히 늘려갈 수 있다는 것을!

이것은 보통 1662년 사망한 프랑스의 천재 블레이스 파스칼의 이름을 따서 **파스칼의 삼각형**이라고 불린다. 하지만 이탈리아에서는 100년 먼저 이것을 찾아낸 대수의 마법사 이름을 따라 타르탈리아의 삼각형이라고 부른다. 그보다 300년 전 중국의 양휘가, 또 그보다 전에 인도와 이란에서, 그 외 다른 곳에서도 이것이 밝혀졌다고 한다. 우리는 최초 발견자에 관해서 엄청난 항의성 메시지를 받고 있으니 이 삼각형을 '모두의 삼각형'이라고 부르는 게 좋을 것 같다.

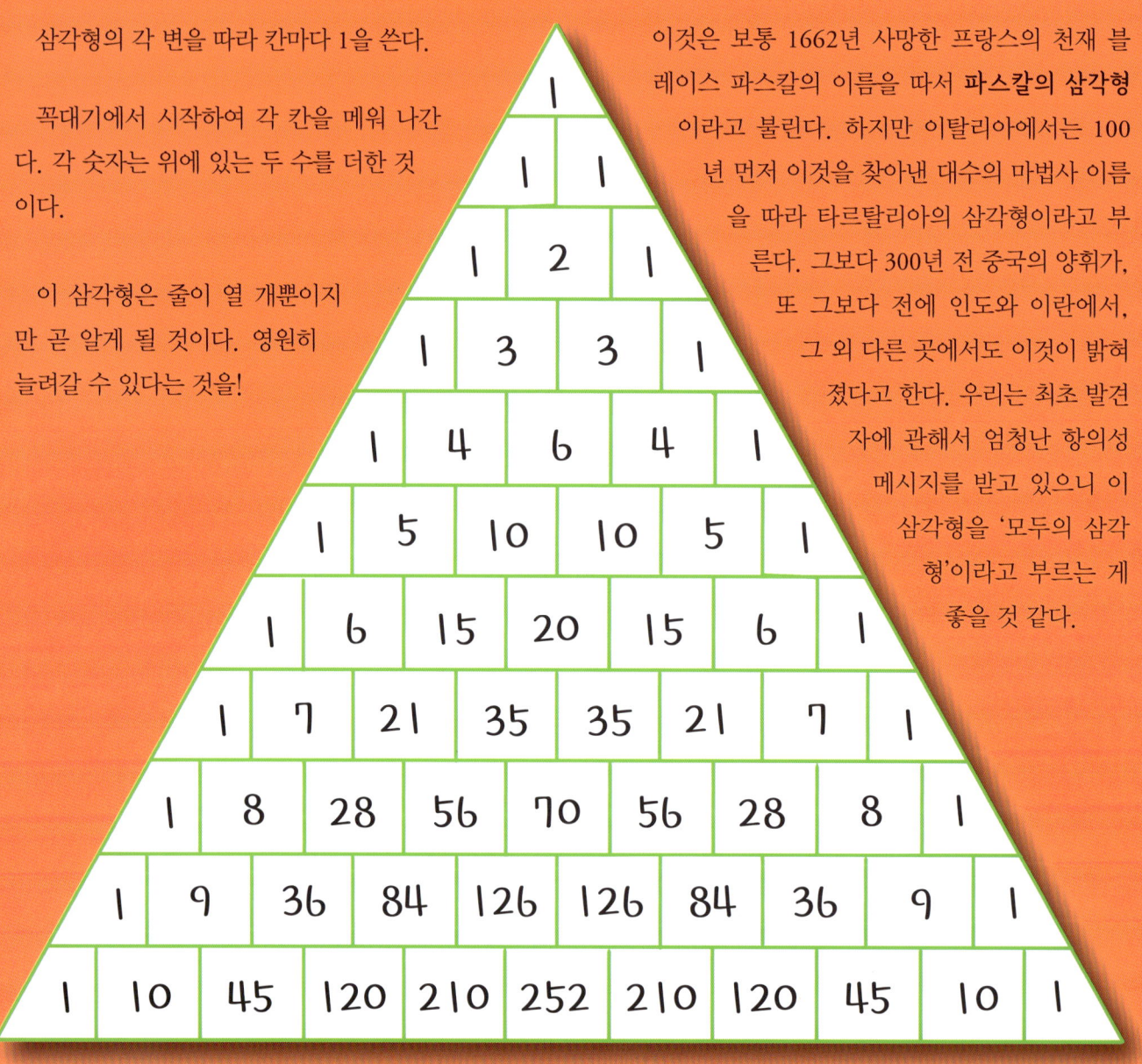

그럼 바로, 시간을 낭비하지 말자고. 마지막 기회 살롱에서 이것이 무엇을 가능하게 하는지 알려 줄 리버보트 릴을 만나러 가자. 그녀에게는 자원 봉사자가 필요하다.

여기서 일어나는 일을 알려면 먼저 동전 세 개를 던졌을 때 나오는 방법이 여덟 가지라는 것을 알아야 한다! 동전이 모두 다른 색이라고 생각하면 좀 더 분명해진다.

가능성의 총합은 반드시 1이다.

가능성을 분수로 나타낸 것을 보고, 다음엔 파스칼의 삼각형 셋째 줄을 보자(가능성은 셋째 줄에 쓰인 수와 관계가 있다. 가장 꼭대기에 있는 1은 줄로 생각하지 않는다)!

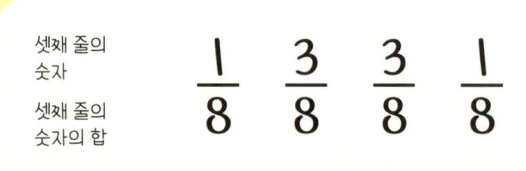

동전 세 개를 던졌을 때 나오는 방법 여덟 가지에서, 딱 한 번만 세면이 모두 앞면이고, 딱 한 번만 세 면이 모두 뒷면이다. 이 말은 브렛이 여덟 번을 던졌을 때 브렛은 두 번을 이길 것이고, 릴은 브렛에게 4달러(2×2달러 = 4달러)를 주어야 한다. 또한 브렛은 여섯 번 질 것이고, 릴에게 6달러(6×1달러 = 6달러)를 주어야 한다.

따라서 릴은 브렛이 여덟 번 던질 때마다 2달러의 이익을 기대할 수 있다. 파스칼의 삼각형은 동전을 몇 개 던지더라도 어떤 일이 일어날지 알 수 있게 해 준다. 동전을 아홉 개 던진다고 해 보자. 아홉 번째 줄을 따라가 보면 1-9-36-84-126-126-84-36-9-1이 보인다. 이것들은 동전 아홉 개를 던졌을 때 앞면이 아홉 개, 여덟 개, 일곱 개, 여섯 개… 나오는 수와 같다! 각 줄의 끝에 있는 숫자 1은 앞면이 하나도 나오지 않는 경우의 수이다. 다르게 말하면 모든 동전이 뒷면이 나오는 경우는 한 가지라는 뜻이다.

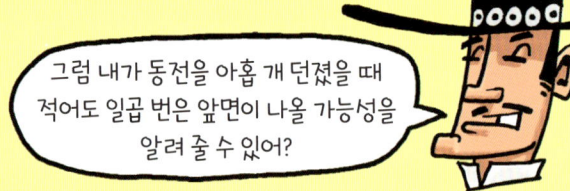

동전의 앞면이 아홉 개, 여덟 개, 일곱 개가 나올 경우를 더해 보면 1+9+36=46, 이것을 전체 경우의 수인 512로 나누면(512는 그 줄의 수를 모두 더하면 된다) $\frac{46}{512}$이고, 0.0898 또는 약 9%가 된다(잘 모르겠다면, 83쪽을 보자).

위험한 거래

그렇다면 브렛이 빨간색 카드를 뽑을 경우의 수는 얼마나 될까?

그것을 알아보기 위해서는 릴이 내민 다섯 장의 카드로부터 브렛이 세 장의 카드를 뽑았을 때 몇 가지 다른 경우가 나오는지 알아야 한다. 멋쟁이 데이비스 씨가 우리를 위해 그것을 전부 그림으로 그려 주었다.

이것이 세 장 모두 빨간 카드만 나온 경우이다. 가능성은 $\frac{1}{10}$

10가지의 다른 경우가 있는데, 그 중에서 딱 한 가지 경우만 모두 빨간색 카드이다. 브렛이 빨간 카드 세 장을 뽑을 가능성은 1/10, 즉 10%이다.

> 그럼 만약 열 번 게임을 하면 내가 한 번 이긴다는 말이야?

> 파스칼의 삼각형에서 그걸 확인해 볼 수 있어, 브렛.

릴이 카드를 다섯 장 가지고 있으므로 파스칼의 삼각형에서 다섯 번째 줄을 보면 된다(기억이 잘 나지 않는다면, 74쪽을 보자).

맨 앞에 있는 1은 브렛이 카드를 뽑지 않는 경우의 수가 몇 가지인지 나타내는 수이다. 브렛이 카드를 뽑을 때 카드는 에이스 또는 2 또는 3 또는 4 또는 5가 나올 수 있기 때문에 브렛의 카드가 들어갈 수 있는 집합은 다섯 가지 종류가 된다. 카드 세 장으로 된 집합으로 바로 건너가 보면 우리가 이미 알고 있는 10이 보일 것이다.

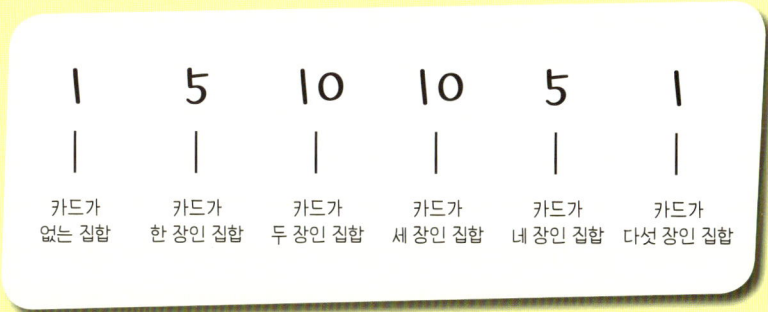

카드 한 팩

좋아! 카드 쉰두 장 전부로 해 보자. 네가 열세 장을 고르는데, 모두 하트를 가져갈 경우의 수는 얼마일까?

그런 무모한 일에 승부를 걸 만큼 바보는 아냐, 릴!

카드 게임을 할 때 보통은 어떤 순서로 카드를 뽑는지는 신경 쓰지 않는다. 파스칼의 삼각형에서도 그렇다. 그러나 브렛이 릴의 카드 다섯 장에서 카드를 뽑을 때 에이스를 가장 처음에, 그리고 다음에 2, 그다음에 3을 뽑을 가능성은 얼마나 될까? 이것은 매우 다른 계산이 필요하다.

릴이 카드를 다섯 장 가진 것부터 시작하면 브렛이 에이스를 뽑을 가능성은 $\frac{1}{5}$이다. 그리고 릴이 가지고 있는 나머지 네 장의 카드에서 2를 뽑을 가능성은 $\frac{1}{4}$이다. 마지막으로 릴이 가진 세 장의 카드에서 브렛이 3을 뽑을 가능성은 $\frac{1}{3}$이다. 이것들을 서로 곱하면 에이스 2, 3을 차례대로 뽑을 가능성은 $\frac{1}{60}$이라는 것을 알게 된다.

다섯 장에서 세 장의 카드를 순서대로 고를 가능성:

$$\frac{1}{5 \times 4 \times 3} = \frac{1}{60}$$

처음으로 브렛이 똑똑하게 굴고 있다. 가능성을 알려면 쉰두 장의 카드 전부에서 열세 장을 고를 수 있는 서로 다른 경우가 몇 가지인지 알아야만 한다. 우리의 친절한 데이비스 씨에게 열세 장 카드로 가능한 집합을 모두 그려 달라고 할 수도 있지만 카드를 배열해 주지 않는다면 그는 금세 친절하게 굴지 않을 것이다. 그러면 전 세계 모든 사람들에게 열세 개의 카드로 만들어지는 각각의 집합을 100개 그려 달라고 하는 게 좋을 것 같다.

이것을 구하는 좀 더 쉬운 방법은 파스칼의 삼각형 쉰두 째 줄을 그려 보는 것이다. 그리고 열세 번째 숫자가 무엇인지 세어 보면 된다. 딱 두 달 동안 그리면 되겠지만, 바쁠 때를 대비해 파스칼의 삼각형에 나오는 어떤 수도 구할 수 있는 공식이 79쪽에 나와 있다.

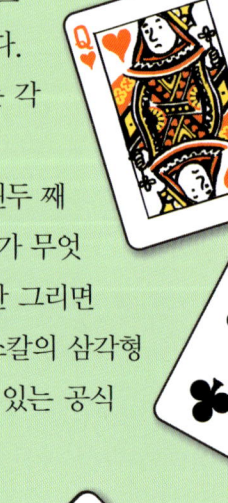

따끈따끈 두뇌 구역

공식

R번째 줄의 N번째 수 = $\dfrac{R!}{(R-N)! \times N!}$

쉰두 번째 줄의 열세 번째 수를 알고 싶다. 그럼 N=13, R=52

'!' 이것은 팩토리얼이라는 기호이다. 1에서 그 수까지 모든 수를 곱하라는 뜻이다.
따라서 4! = 4 × 3 × 2 × 1 = 24. 팩토리얼에 대한 특별한 규칙이 있다. 1! = 1, 그리고 또 0! = 1

모자 쥐 봐, 브렛. 여기 아주 어마어마한 숫자들이 있어!

$$\dfrac{52!}{(52-13)! \times 13!} = \dfrac{52!}{39! \times 13!} =$$

$\dfrac{52 \times 51 \times 50 \times 49 \times 48 \times 47 \times 46 \times 45 \times 44 \times 43 \times 42 \times 41 \times 40 \times 39 \times 38 \times 37 \times 36 \times 35 \times 34 \times 33 \times 32 \times 31 \times 30 \times 29 \times 28 \times 27 \times 26 \times 25 \times 24 \times 23 \times 22 \times 21 \times 20 \times 19 \times 18 \times 17 \times 16 \times 15 \times 14 \times 13 \times 12 \times 11 \times 10 \times 9 \times 8 \times 7 \times 6 \times 5 \times 4 \times 3 \times 2 \times 1}{39 \times 38 \times 37 \times 36 \times 35 \times 34 \times 33 \times 32 \times 31 \times 30 \times 29 \times 28 \times 27 \times 26 \times 25 \times 24 \times 23 \times 22 \times 21 \times 20 \times 19 \times 18 \times 17 \times 16 \times 15 \times 14 \times 13 \times 12 \times 11 \times 10 \times 9 \times 8 \times 7 \times 6 \times 5 \times 4 \times 3 \times 2 \times 1 \times 13 \times 12 \times 11 \times 10 \times 9 \times 8 \times 7 \times 6 \times 5 \times 4 \times 3 \times 2 \times 1}$

끔찍하게 보이지만 도와줄 사람이 바로 옆에 있으니 당황하지 말도록! 우리의 수학 마법사 태그! 심각한 숫자의 충돌이 있으니 대기하도록!

분모에 있는 모든 수는 분자에 있는 수와 약분해서 없어져! 이게 바로 남아 있는 수야!

50 × 49 × 47 × 46 × 43 × 41 × 17 × 4

고마워 태그! 계산기를 얼른 훑어보니 635,013,559,600이라는 결과가 나왔다. 이것이 바로 쉰두 번째 줄의 열세 번째 수이다!

이제 릴이 내놓은 쉰두 장의 카드에서 열세 장을 뽑을 때 하트를 고를 가능성은 635,013,559,600의 서로 다른 방법이 있다는 것을 알았다. 이 중에서 오직 한 번만 모두 하트 모양이 나온다!

그러니까 네가 열세 장 모두 하트를 고를 수 있는 가능성은 635억 번 중 한 번이야.

물론 네가 그렇게 엄청난 게임을 하지는 않겠지….

복잡한 주사위와 속임수 각테일

릴이 내놓은 카드에서 카드를 고를 때 브렛은 각 카드가 다르다는 것을 알고 있다(예를 들어 다이아몬드 에이스 카드 두 장을 고를 수는 없다는 것 말이다). 하지만 릴이 주사위를 몇 개 던지면 둘 또는 그 이상의 같은 숫자가 나올 수 있다. 이것은 정말로 복잡한 계산이 된다!

주사위 두 개로는 36개의 조합이 가능하다.

만약 주사위 2개가 색깔이 같다면 반복되는 조합이 생긴다. 그때는 오직 21개의 조합이 된다.

* 이것이 반복되는 조합

주사위 두 개를 던졌을 때 나오는 경우는 6×6=36개의 서로 다른 방법이 있다. 하지만 숫자 조합 중 몇 개는 반복되는 것이다(예를 들어 6-5, 5-6). 반복되는 조합을 한 가지 경우로 센다면 오직 21개의 서로 다른 숫자 조합이 있다.

주사위 두 개로 하는 것은 쉽다. 하지만 만약 릴이 주사위를 세 개 던진다면 어떻게 될까? 세 개를 던졌을 때는 6×6×6=216의 서로 다른 경우의 수가 생긴다. 이것은 1-2-3으로 나올 수 있는 여섯 개의 서로 다른 경우뿐 아니라 1-2-2로 나올 수 있는 세 가지 경우, 그리고 4-4-4로 나올 수 있는 단 하나의 경우 등 모든 것을 포함하고 있다.

세 개의 서로 다른 숫자로 나올 수 있는 경우

 같은 숫자가 2개 나올 수 있는 경우

 모두 같은 숫자가 나올 수 있는 경우

주사위가 네 개이거나 다섯 개라면 좀 더 복잡해지겠군!

주사위가 세 개 또는 네 개 또는 다섯 개일 때 조합의 수는 몇 개가 가능할까?

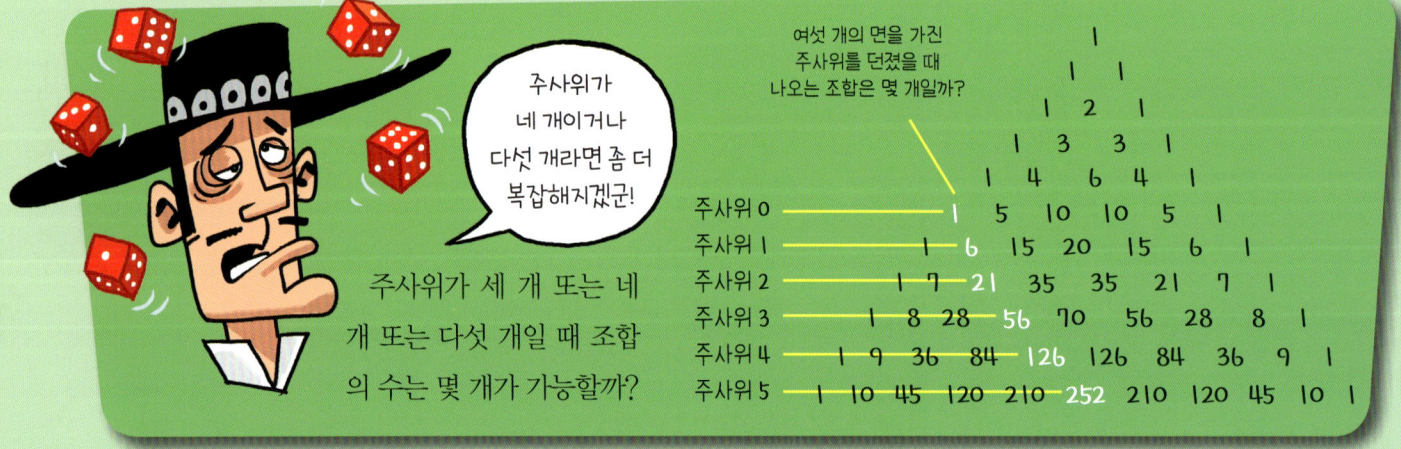

여섯 개의 면을 가진 주사위를 던졌을 때 나오는 조합은 몇 개일까?

						1					
					1		1				
				1		2		1			
			1		3		3		1		
		1		4		6		4		1	
주사위 0	1	5	10	10	5	1	
주사위 1	1	6	15	20	15	6	1
주사위 2	1	7	21	35	35	21	7	1
주사위 3	1	8	28	56	70	56	28	8	1
주사위 4	1	9	36	84	126	126	84	36	9	1
주사위 5	1	10	45	120	210	252	210	120	45	10	1

정말로 성가신 계산이다. 하지만 끔찍한 수학 연구실에서 파스칼의 삼각형으로 그 답을 찾아냈다!

주사위 세 개를 던지면 서로 다른 경우가 216가지 나온다는 것 정도는 알고 있을 것이다. 하지만 위의 계산으로는 겨우 56가지밖에 되지 않는다.

브렛은 서로 다른 네 개의 맛을 고를 기회가 있고, 이런 선택을 일곱 번 할 수 있다. 이것은 마치 네 개의 면을 가진 주사위를 일곱 번 던지는 것과 같다(각 주사위의 면마다 서로 다른 맛이 쓰여 있다!). 4에서 대각선 방향으로 아래쪽으로 가서 일곱 번째 수가 나올 때까지 세어 보자. 첫 번째 4 앞에 처음에 쓰여 있는 1은 0번째로 생각한다. 그러면 이렇게 나온다.

브렛이 뽑을 수 있는 수: 0 1 2 3 4 5 6 7
서로 다른 조합: 1-4-10-20-35-56-84-120

브렛은 서로 다른 칵테일을 120가지 만들 수 있다.

따끈따끈 두뇌 구역

파스칼의 삼각형에서 구한 어떤 신기한 것.

나지막한 대각선 방향으로 숫자를 더하면 피보나치 수열의 수를 얻는다.

일반적인 숫자 1, 2, 3, 4
삼각수 1, 3, 6, 10

$(a+b)^n$의 계수가 된다.
예를 들어, $(a+b)^4 =$
$a^4 + 4a^3b + 6a^2b^2 + 4ab^3 + b^4$

가로에 있는 수의 합은 2의 거듭제곱과 같다.
예를 들어, $2^5 = 1 + 5 + 10 + 10 + 5 + 1 = 32$

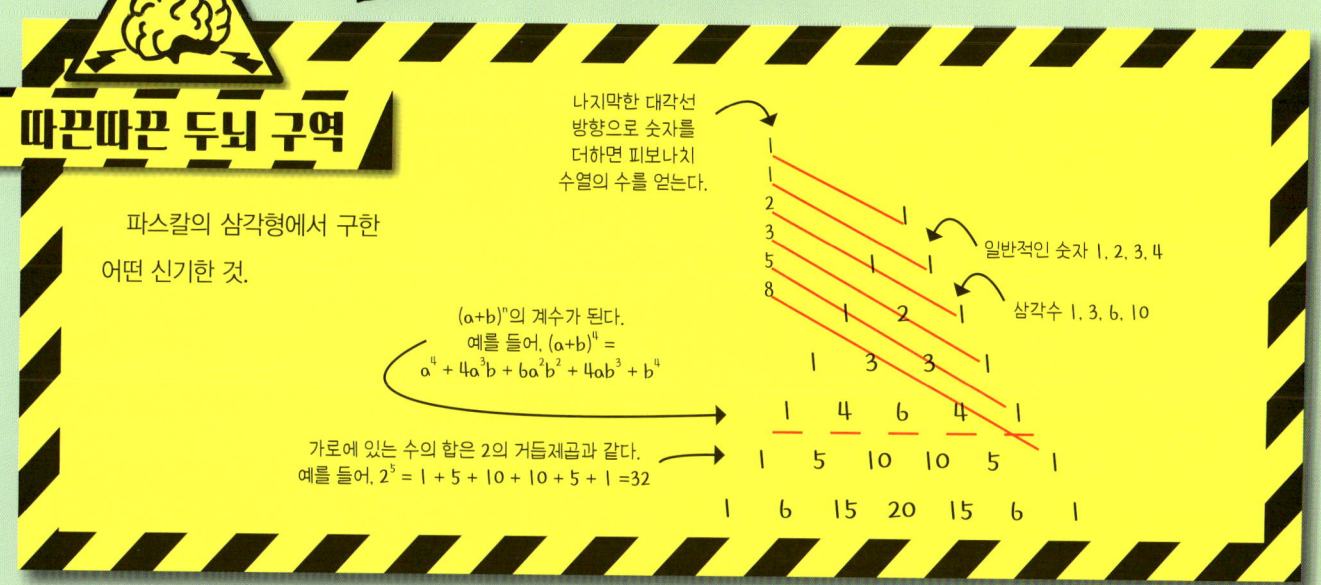

끝내주게 정신없는 것

마침내 여기 파스칼의 삼각형과 관련하여 가장 귀여운 것 중 하나가 나왔다. 여기에는 어떤 끔찍한 계산도 포함하지 않는다. 그저 거대한 파스칼의 삼각형을 그리기만 하면 되고, 모든 홀수에 색칠만 하면 된다.

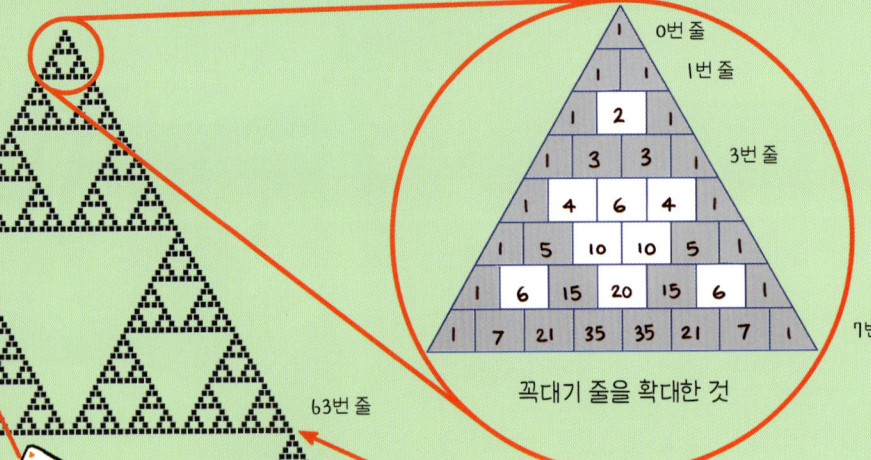

꼭대기 줄을 확대한 것

끊어지지 않은 수평선은 줄의 수가 거듭제곱한 수보다 1이 작을 때 나타난다 (예: 26 − 1 = 63).

따라서 63번 줄은 수평선 중의 하나이다.

이 패턴에서 재미있는 것들
- 이 파스칼의 삼각형에는 100줄이 있다.

- 평범한 정삼각형에서 시작해 이 패턴을 만들 수 있다. 안쪽 어디든지 마음에 드는 곳에 점을 찍어 보자. 그리고 처음 찍은 점과 어느 꼭짓점 사이를 연결한 선이 정확하게 이등분 되는 곳에 점을 찍는다. 세 번째 점은 두 번째 점과 어떤 꼭짓점을 연결한 선을 반으로 나누는 곳에 찍는다. 이런 식으로 더 많은 점을 찍는다. 꼭짓점을 고르는 방법은 상관이 없다. 이렇게 수천 번을 하면 이 점들이 삼각형 안에 삼각형이 있고, 또 삼각형이 있는 그런 모양을 만들게 된다. 이것을 우리는 **시어핀스키 삼각형**이라고 부른다. 어디에서나 시작할 수 있고, 언제든지 아무 꼭짓점을 선택하여 만들 수 있기 때문에 이것은 **슈퍼 멋쟁이 마음대로 수학이다!**

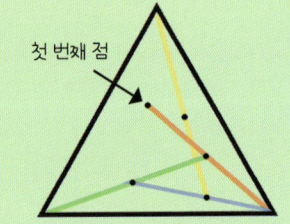

첫 번째 다섯 개의 점으로 이루어진 시어핀스키 삼각형

- 에이스 하트로 표시된 숫자는 52번 줄 열세 번째 칸이다. 이것은 브렛이 열세 개의 하트 카드를 모두 얻을 가능성을 말해 준다(기억이 잘 나지 않는다면, 78쪽을 보자).

- 모든 숫자를 삼각형 안에 쓰지 않는 이유가 있다. 수백 번째 줄의 한 가운데에 쓰인 '?' 표시에 들어갈 수는 100,891,344,545,564,193,334,812,497,256이다.

리버보트 릴의 게임 안내서

이것이 일어날 가능성은 얼마일까?

확실해
- 100% 여러분이 이 책을 읽고 있을 가능성
- 89% 방안에 40명의 사람들이 있다면 그중에 생일이 같은 사람이 두 명은 있을 가능성

거의 확실해
- 83% 주사위 두 개를 던졌을 때 숫자의 합이 9 또는 그것보다 적게 나올 가능성
- 75% 어둠 속에서 재빨리 옷을 입었을 때 속옷을 뒤집어 입거나 앞뒤 방향을 바꿔 입을 가능성
- 70% 외계인 때문에 조종하지 못한 채 날고 있던 우주선이 메마른 땅에 착륙하는 대신 바다에 부딪힐 가능성

희망이 있어
- 62% 주사위 세 개를 던졌을 때 숫자의 합이 10 이상 나올 가능성

반반이야
- 50% 동전을 두 개 던졌을 때 앞면 하나 뒷면 하나가 나올 가능성
- 42% 카드 다섯 장 중에서 한 쌍을 고를 가능성

어려울 것 같아
- 33% 카드를 섞고 나서 처음 두 장을 골랐을 때 같은 색일 가능성
- 31% 동전 여섯 개를 던졌을 때 앞면 세 개 뒷면 세 개가 나올 가능성

행운이 필요하군
- 23% 주사위 다섯 개를 던졌을 때 투페어(같은 숫자 두 개씩 두 쌍)가 나올 가능성
- 11% 왼손잡이일 가능성

안 돼! (방법이 없어)
- 0% 퐁고 맥위피의 문어 버거를 먹고 나서 맛있다고 느낄 가능성

파스칼의 삼각형이 카드와 주사위를 던졌을 때 나올 수 있는 조합과 패턴의 개수를 알려 주는 것은 이미 알고 있다. 이번에는 게임에서 이기기 위해 필요한 정확한 가능성에 대해 알아볼 것이다. 우리는 대부분 가능성을 %로 표현한다. 100%는 무엇인가가 확실히 일어난다는 뜻이고 0%는 절대 일어날 수 없다는 뜻이다.

또한 이런 분수를 쓸 수도 있다. 할머니가 월요일이나 화요일에 태어나셨을 가능성은? 일주일은 7일이다. 그래서 그 두 요일이 될 가능성은 7 중에서 2이므로 분수로는 $\frac{2}{7}$이다.

분수는 분자를 분모로 나눈 다음에 100을 곱해서 퍼센트로 바꿀 수 있다. $\frac{2}{7}$를 바꾸면 $2 \div 7 \times 100 = 28.57\%$

주사위 게임

주사위를 하나 던진다면 1에서 6까지의 어떤 수가 나올 경우의 수는 같다. 주사위를 두 개 던진다면 그때는 36개의 경우의 수가 있다(기억이 잘 나지 않는다면, 80쪽을 보자). 주사위 눈을 더하면 2에서 12까지 나오지만 어떤 수는 다른 수보다 나올 가능성이 더 높기도 하다. 릴의 뱀 사다리 게임에는 으스스하게도 진짜 뱀이 나온다. 좋은 칸에 도착할 가능성과 나쁜 칸에 도착할 가능성을 더하면 이것이 위험을 감수할 만한 것인지 알 수 있다! 또한 어떤 칸에 도착하는 것이 가장 가능성이 높은지도 알려 준다(도착할 가능성이 가장 높은 칸은 끔찍한 숫자 7이다! 하지만 이 칸에 도착할 가능성은 겨우 16.7%이다. 만약 모든 가능성을 더해 보면 좋은 칸에 도착할 가능성은 약 53%이며 뱀이 있는 칸에 도착할 가능성은 약 47%라서 좋은 칸에 도착할 가능성이 뱀이 있는 칸에 도착할 가능성보다 아주 약간 높다.).

주사위 세 개를 던졌을 때 숫자의 합	가능성
3 또는 18	1/216 = 0.46%
4 또는 17	3/216 = 1.39%
5 또는 16	6/216 = 2.78%
6 또는 15	10/216 = 4.63%
7 또는 14	15/216 = 6.94%
8 또는 13	21/216 = 9.72%
9 또는 12	25/216 = 11.57%
10 또는 11	27/216 = 12.5%

모노폴리

모노폴리는 주사위 두 개를 던져서 이동하는 게임이다. 주사위 두 개를 던져서 같은 것(더블)이 나오면 다시 두 개를 던진다. 두 번째에도 같은 것이 나오면 또 던지는데, 이때 세 번째에도 같은 것이 나오면 감옥에 간다. 주사위 두 개를 던져서 같은 것이 나올 가능성은 $\frac{1}{6}$이고, 이것이 세 번 연속해서 나올 가능성은 이렇다.

$$\left(\frac{1}{6}\right)^3 = \frac{1}{216} \text{ 또는 } 0.46\%$$

어떤 주사위 게임에서는 수를 더하지 않는다. 대신에 어떤 조합이 나오는지가 더 중요하다.

야찌 게임에서는 다섯 개의 주사위를 던져서 풀하우스나 스트레이트처럼 조합에 따라서 점수를 매긴다. 각 차례마다 던질 기회는 세 번이 주어진다. 처음에는 다섯 개의 주사위를 모두 던지고, 다음 두 번의 기회는 바꾸고 싶은 주사위만 다시 던진다. 이것은 서로 다른 조합을 만들기는 쉽지만 계산을 하기는 더 어렵다.

만약 한 번만 던질 수 있다면, 야찌 게임에서 다섯 개의 주사위를 던졌을 때 모두 같은 면이 나올 가능성은 0.077%이다. 만약 기회가 두 번 더 주어지면 가능성은 4.6%이다. 이것은 야찌 게임에서 주사위를 스물두 번 던졌을 때 주사위 다섯 개가 모두 같은 면이 나오는 경우는 한 번 있다는 뜻이다.

다섯 개의 주사위를 한 번 던졌을 때 나오는 조합의 가능성

모두 다르다 **9.25%**
원 페어(같은 눈이 두 개) **46%**
투 페어(원 페어가 두 개) **23%**
세 개의 눈이 같다 **15.4%**
숏 스트레이트(네 개의 수가 차례대로 나온다) **12.3%**
풀 하우스(세 개의 같은 수와 두 개의 같은 수) **3.8%**
롱 스트레이트(다섯 개의 수가 차례대로 나온다) **3.1%**
네 개의 수가 같은 수 **1.9%**
다섯 개의 수가 모두 같은 수 **0.077%** 또는 $\frac{1}{1296}$

카드 게임들

일반적으로 카드 한 팩에는 52장의 카드가 들어 있는데, 13장이 한 세트로 서로 다른 4세트로 되어 있다.

위스트나 브리지 같은 게임에서는 카드 13장을 받는데, 같은 세트로 13장을 받는다면 처음부터 아주 이익이다. 같은 세트의 카드를 받을 수 있는 경우의 수가 카드 개수대로 나와 있다.

빈 세트: 빈 세트를 받을 가능성은 5%이다(무슨 말이냐 하면 13장의 카드가 3세트는 있지만 네 번째 세트는 없다는 말이다).

4장: 35%
5장: 44%
6장: 16.5%
7장: 3.5%
8장: 0.47%
9장: 0.037%
10장: 0.0017%
11장: 0.000036%
12장: 0.00000032%
13장 세트: 159억 분의 일 ($\frac{1}{159억}$) *

여섯 장의 같은 세트 카드가 나올 가능성은 16.5%

* 이것은 어떤 세트도 가능하다. 하지만 특별한 세트를 원한다면(예를 들어 13개가 모두 하트) 가능성은 같은 카드가 13장 나올 가능성의 $\frac{1}{4}$이다. 6,350억 분의 1(기억이 잘 나지 않는다면, 78쪽을 보자).

85

포커 패

카드 다섯 장을 받았을 때 서로 다른 포커 패가 나올 가능성이 얼마인지 알아보자.

풀 하우스

65만 분의 1: 로얄 플러시(A,K,Q,J,10 모두 같은 세트)
72,000분의 1: 스트레이트 플러시(같은 세트의 카드 다섯 장이 순서대로 나오는 것. 예를 들어 모두 하트 카드로 7,8,9,10,J 가 나오는 것)
4,000분의 1: 포카드(각 세트에서 한 장씩)
700분의 1: 풀 하우스(트리플과 원 페어)
500분의 1: 플러시(다섯 장 모두 같은 세트)
255분의 1: 스트레이트(같은 세트가 아니어도 카드가 순서대로 나열되는 것)
2%: 트리플(예를 들어 에이스 세 장)
5%: 투 페어(예를 들어 8 두 장과, 3 두 장)
42%: 원 페어(예를 들어 퀸 두 장)

스트레이트 플러시

로얄 플러시가 나올 것 같아, 릴!

꿈이라도 꾸는 게 나을 거야. 네가 이길 수 있는 방법은 그것밖에 없으니까!

스냅!

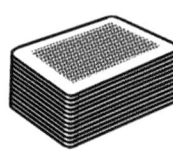

카드의 맨 아래와 맨 위의 카드가 원페어일 가능성은 17분의 1 또는 5.88%.

첫 번째 두 장의 카드가 원페어일 가능성도 17분의 1.

단서

카드가 나눠지기 전에 살인자, 방, 무기를 추측할 수 있는 가능성.

$$\frac{1}{9 \times 6 \times 6} = \frac{1}{324}$$ 또는 0.3%

리플셔플

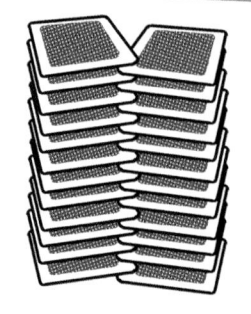

카드를 반으로 갈라 서로 마주한 채 섞는 방법. 완벽한 **리플셔플**은 52장의 카드를 정확하게 반으로 나누어서 샌드위치를 만들듯 한 장씩 엇갈리게 섞는 것이다. 맨 위의 카드는 맨 위에 그대로, 맨 아래쪽 카드는 아래쪽에 그대로 있을 것이다. 정확하게 여덟 번 리플셔플한 뒤에는 카드 한 팩이 처음 순서 그대로 놓여 있게 된다.

호기심 체스 찬장

게임 연구실을 나와서 걷다가 왕과 왕비가 신기한 것을 하나 발견했다!

보통의 체스판은 각 변을 따라 여덟 개의 정사각형이 있어서 작은 정사각형이 모두 64개이다.

여행을 시작했을 때 우리는 체스판 위에 몇 페니를 놓아서 거대한 수를 만드는 방법을 알게 되었다(기억이 잘 나지 않는다면, 9쪽을 보자). 이번에는 체스판에 대해서 좀 더 신기한 것을 알아볼 것이다.

나이트의 움직임

체스 게임에서 나이트는 이상한 방법으로 움직인다. 두 칸은 앞으로 가고 한 칸은 옆으로 간다. 끝부분이 아니라면 움직일 수 있는 칸은 여덟 칸이다. 그리고 결국에는 출발했던 것과 다른 색의 칸에 있게 된다.

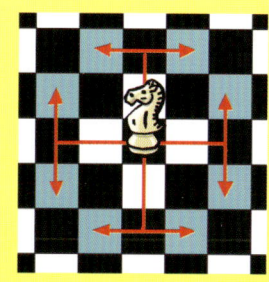

이것은 나이트가 될 수 있는 여덟 개의 칸이다.

나이트가 체스판 위의 모든 사각형을 한 바퀴 도는 데 얼마나 많은 방법이 있는지 알아내기 위해서 수많은 사람이 몇 시간 혹은 며칠, 심지어 몇 주를 소비했다. 출발점으로 다시 돌아오려면 정확히 64번 움직인다! 방법은 수없이 많은데 우리가 좋아하는 방법은 이것이다.

1에서 64까지 움직이는 순서대로 번호를 매겼는데, 이것이 정말 특별한 이유는 이 해결 방법이 마법 사각형이기 때문이다!

각 세로줄에 있는 숫자를 더하면 260이 된다. 그리고 각 가로줄의 숫자를 더해 보아도 260이 된다.

이걸 알아내기 위해서 누군가는 몇 달 동안 골똘히 생각에 잠겼을지도 모른다. 혹시 이것이 바보 같은 시간 낭비라고 생각하는 사람이 있다면 좀 더 바보 같은 것을 보여 줄 수 있다.

50	11	24	63	14	37	26	35
23	62	51	12	25	34	15	38
10	49	64	21	40	13	36	27
61	22	9	52	33	28	39	16
48	7	60	1	20	41	54	29
59	4	45	8	53	32	17	42
6	47	2	57	44	19	30	55
3	58	5	46	31	56	43	18

저주받은 왕

화이트 킹이 어려움에 처했다!

화이트 퀸이 블랙 킹의 성에서 파티를 하고 있던 화이트 킹을 잡았다. 화이트 퀸은 화이트 킹을 체스판의 왼쪽 위에 있는 칸에서 오른쪽 아래에 있는 칸의 하얀 성까지 계속 걸어가게 했고, 특별한 벌로 끔찍한 저주까지 내렸다. 화이트 킹은 성으로 돌아가는 길을 한 칸 한 칸 밟아야만 돌아갈 수 있었다.

화이트 킹은 하얀 성을 향해서 한 번에 한 칸을 움직일 수 있다. 아래쪽으로도 갈 수 있고, 오른쪽으로도 갈 수 있으며, 오른쪽 대각선 아래 방향으로도 움직일 수 있다.

이것은 화이트 킹이 갈 수 있는 몇 가지 경로이다.

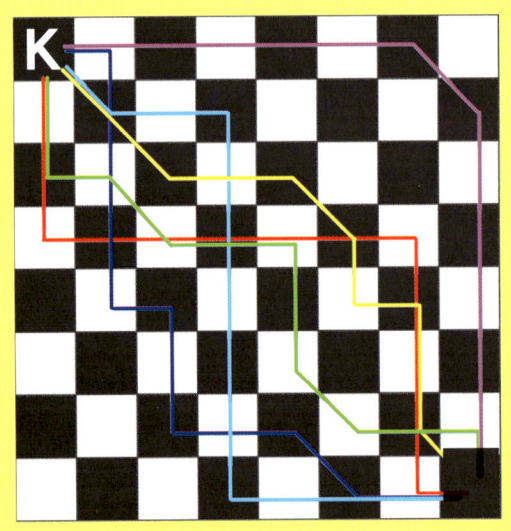

그래서 갈 수 있는 길은 몇 가지일까? 이것은 꽤 간단한 계산이지만 답은 정말로 끔찍하다.

먼저 우리는 화이트 킹이 출발할 수 있는 방법을 살펴보아야 한다. 아래쪽에 놓여 있는 칸으로 가는 길은 한 가지이고, 화이트 킹이 그 아래의 칸으로 갈 수 있는 방법도 한 가지이다. 또한 가장 위쪽에 있는 각각의 칸으로 가는 길도 한 가지이다. 하지만 화이트 킹이 첫 번째 대각선 방향의 사각형으로 갈 수 있는 방법은 세 가지이다. 그러면 화이트 킹이 물음표로 표시된 칸까지 가는 데는 몇 가지 방법이 있을까?

화이트 킹이 각각 세 개의 칸에서 올 수 있는 방법의 수를 더하면 1+1+3=5가 된다.

이 규칙은 체스판 위의 모든 칸에 적용된다. 각 칸은 위, 왼쪽, 왼쪽대각선 위쪽 방향의 세 칸의 수를 더해서 쓴다.

예를 들어 25는 7+5+13=25로 나온 수이다.

체스판이 5×5 정사각형이었다면 화이트 킹이 걸어가야 하는 길은 321가지가 될 것이다.

대각선 방향으로 내려오는 숫자가 얼마나 빨리 커지는지 눈치 챘겠지?

이게 바로 끔찍한 수학의 한 부분이다! 만약 체스판을 모두 그리고 그 안에 숫자를 써 넣는다면 화이트 킹이 걸어가야 하는 길은 **48,639가지**라는 것을 알게 될 것이다!

체스판 착시

우주의 한 점

끔찍한 수학 빌딩 옥상에는 망원경이 있다. 우리는 하늘을 탐구하길 좋아하는데, 하늘을 보면 지구가 아주 살기 좋은 행성이라는 것을 깨달을 수 있다.
- 우리는 공기를 들이마실 수 있다(금성은 공기에 이산화탄소와 황이 섞여 있다).
- 걸을 수 있는 단단한 땅이 있다(목성, 토성, 천왕성, 해왕성은 그냥 거대한 가스 덩어리이다).
- 대부분의 공간이 너무 뜨겁지도, 너무 차갑지도 않다(금성은 470℃이다. 만약 오븐을 금성에 가지고 가서 가장 센 바람이 나오도록 틀었다 해도 여러분은 시원해지려고 오븐 안으로 들어갈 것이다).

지구, 달, 태양

지구에는 특별한 점이 하나 더 있는데, 조그 행성에서 온 침략자 악당 골락이 아니었다면 여러분은 절대 그것을 알아내지 못했을 것이다.

달은 태양과 모양과 크기가 같은 것처럼 보인다. 비록 태양의 지름이 400배 더 크지만 400배 더 멀리 떨어져 있기 때문에 같게 보인다. 지구는 이런 속임수를 쓸 수 있는 달을 가진 태양계에서 유일한 행성이다. 때문에 외계인들은 차가워지고 어두워지는 것을 예상하지 못했을 것이다. 그들은 틀림없이 혼란스러울 것이다.

우주에 있는 모든 것은 아주아주 작아서 축척 모형을 만들 때까지는 상상하는 것이 힘들다.

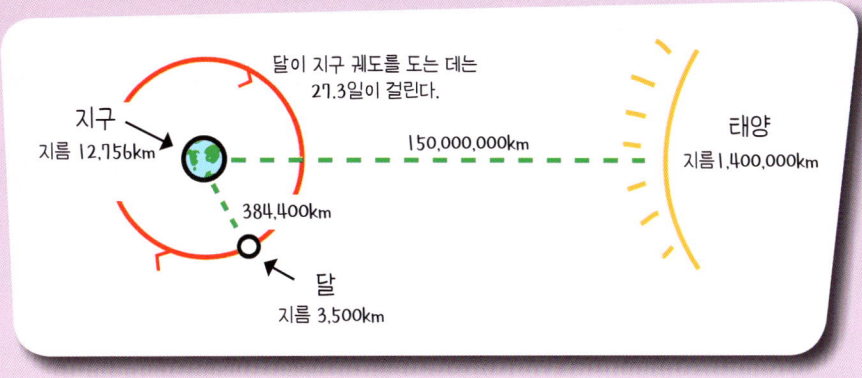

지구, 달 그리고 태양의 축척 모형을 만드는 방법

1. 중간 크기의 나무를 노랗게 칠한다.
2. 750미터 떨어진 곳으로 가서 서 있는다.
3. 한 손에는 사과를, 다른 손에는 포도를 쥐고 팔을 뻗는다.
4. 사과는 지구이고, 포도는 달, 나무는 태양이다. 그리고 이것이 완전히 정신 나간 짓이라고 생각하는 누군가가 있다면 이렇게 말하면 된다. 지구와 달, 태양의 관계를 1:200,000,000 축척으로 모형을 만든 것이라고. 그러면 그들은 이것이 더 이상 정신 나간 짓이라고 생각하지 않을 것이다. 아마도.

태양계

태양계에는 여덟 개의 행성이 있다(하지만 우리는 왜소행성인 명왕성도 함께 살펴보려고 한다). 아직도 노란 나무에서 750미터 떨어져서 포도와 사과를 잡고 있다면 친구에게 약 29.5킬로미터 떨어진 곳에 가서 작은 체리를 쥐고 있으라고 부탁해 보자. 그것이 명왕성이다. 괴짜 친구가 더 있다면 그 친구에게는 다른 행성이 되어 달라고 부탁할 수도 있다. 이 표는 각 행성이 태양으로부터 떨어진 거리와 궤도를 도는 데 걸리는 시간(공전 주기)을 보여 준다. 이것을 모형으로 만들려면 노란 나무에서 얼마나 떨어져 서 있어야 하는지만 알면 된다.

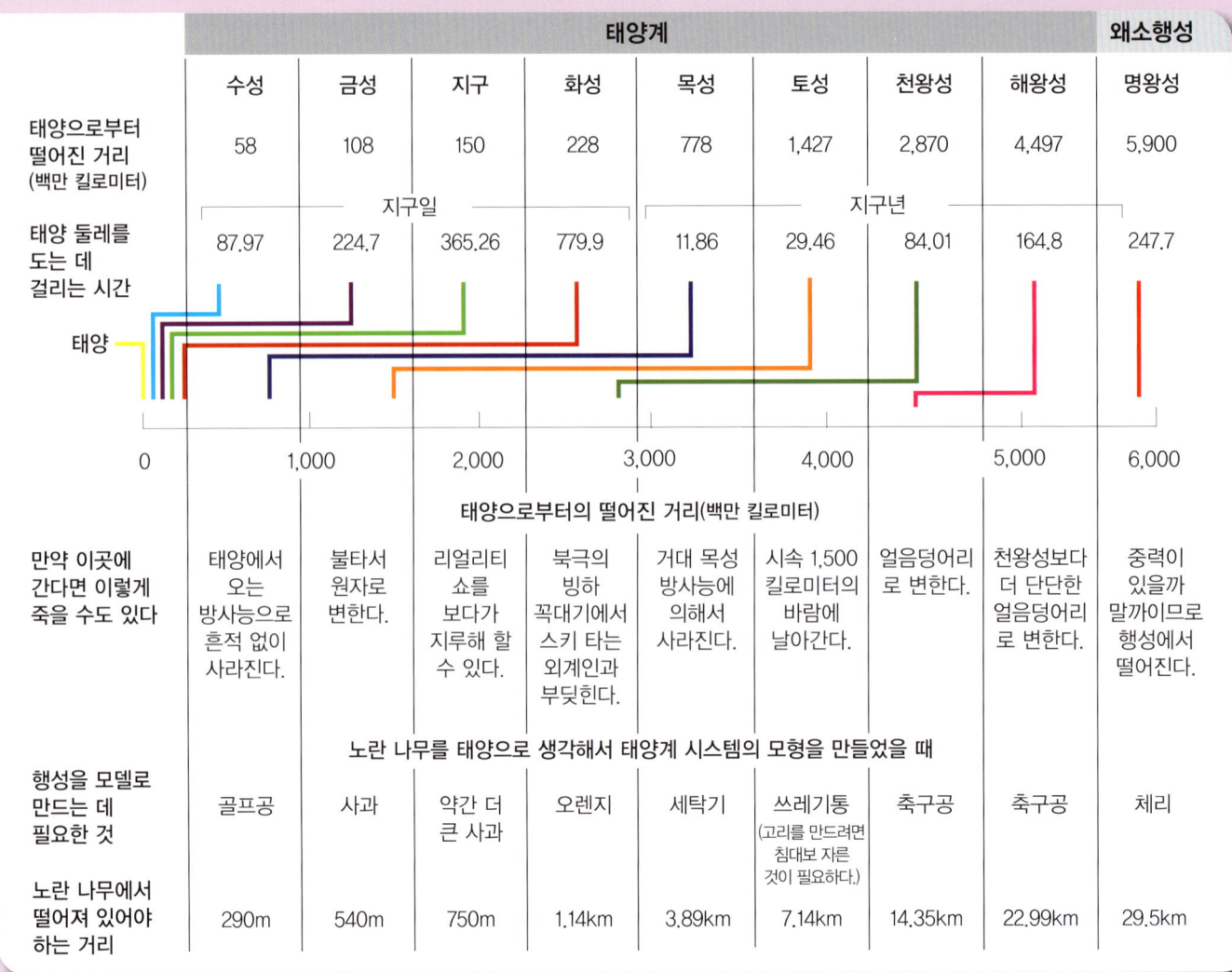

	태양계								왜소행성
	수성	금성	지구	화성	목성	토성	천왕성	해왕성	명왕성
태양으로부터 떨어진 거리 (백만 킬로미터)	58	108	150	228	778	1,427	2,870	4,497	5,900
태양 둘레를 도는 데 걸리는 시간	87.97 (지구일)	224.7 (지구일)	365.26 (지구일)	779.9 (지구일)	11.86 (지구년)	29.46 (지구년)	84.01 (지구년)	164.8 (지구년)	247.7 (지구년)
만약 이곳에 간다면 이렇게 죽을 수도 있다	태양에서 오는 방사능으로 흔적 없이 사라진다.	불타서 원자로 변한다.	리얼리티 쇼를 보다가 지루해 할 수 있다.	북극의 빙하 꼭대기에서 스키 타는 외계인과 부딪힌다.	거대 목성 방사능에 의해서 사라진다.	시속 1,500 킬로미터의 바람에 날아간다.	얼음덩어리로 변한다.	천왕성보다 더 단단한 얼음덩어리로 변한다.	중력이 있을까 말까이므로 행성에서 떨어진다.
행성을 모델로 만드는 데 필요한 것 (노란 나무를 태양으로 생각해서 태양계 시스템의 모형을 만들었을 때)	골프공	사과	약간 더 큰 사과	오렌지	세탁기	쓰레기통 (고리를 만드려면 침대보 자른 것이 필요하다.)	축구공	축구공	체리
노란 나무에서 떨어져 있어야 하는 거리	290m	540m	750m	1.14km	3.89km	7.14km	14.35km	22.99km	29.5km

최근 천문학자들은 태양계 주위를 날아다니는 작은 행성 비슷한 물체를 몇 개 발견했다. 그중 하나인 세드나는 명왕성보다 조금 더 작다. 지금은 두 배 정도로 멀리 떨어져 있지만 태양 둘레를 돌면서 명왕성보다 20배 정도까지도 떨어져서 움직이므로 궤도를 한 번 도는 데 10,000년이 걸린다. 왜 이것을 수년 전에 발견하지 못했는지 궁금하겠지만 이것은 어둠 속에서 100킬로미터 떨어진 곳에 있는 1페니 동전 하나를 찾는 것과 같기 때문이다. 한 가지 더, 세드나는 너무 멀어서 거의 태양의 빛이 닿지 않는다. 그 말은 동전을 검게 칠해야 한다는 뜻.

왜 우리는 1초에 30킬로미터를 움직이고 있을까?

이유는 행성이 태양 둘레를 원이 아니라 타원형으로 돌기 때문이다. 타원의 초점 중 하나가 태양이고 다른 초점에는 아무것도 없다(기억이 잘 나지 않는다면, 45쪽을 보자).

태양 주위를 돌고 있는 지구의 궤도는 거의 완벽한 원이다. 따라서 거리가 크게 변하지 않는다.

타원을 그리는 방법

구식 방법은 못 두 개를 박아 놓고 끈으로 만든 느슨한 고리를 못에 건 다음 고리 안쪽에 연필을 넣고 고리를 팽팽하게 유지시키면서 그리는 것이다. 요즘에는 컴퓨터 프로그램으로 쉽게 그릴 수 있다. 그래도 구식이 재미있다. 망치를 줘 봐.

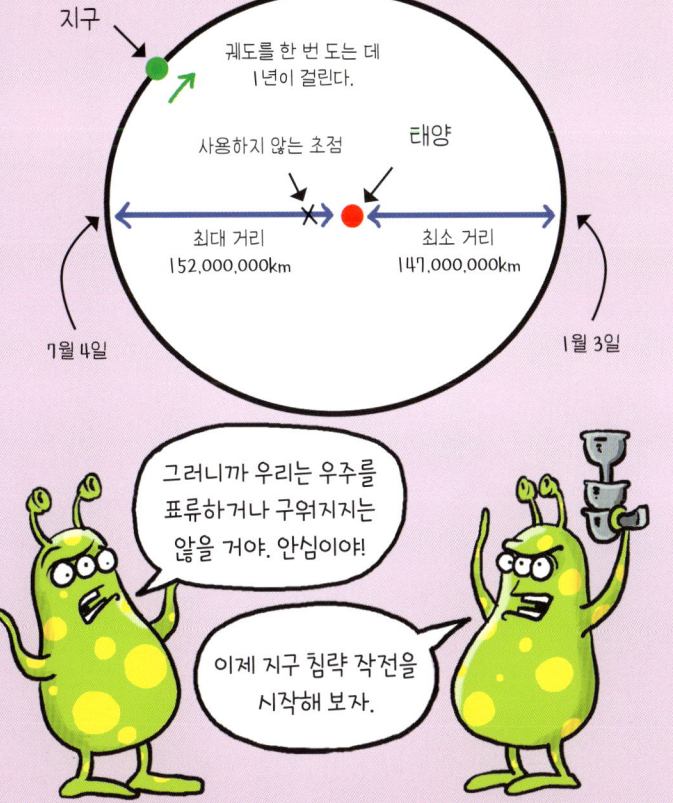

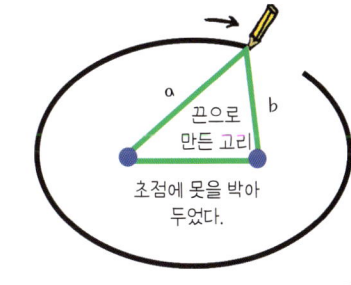

지구의 공전 궤도는 약 10억 킬로미터다. 즉, 1초에 30킬로미터의 속도로 태양 주위를 움직인다.

따끈따끈 두뇌 구역

행성이 속도를 높이거나 늦추는 방법

1605년, 요하네스 케플러라고 불리는 독일인이 행성이 태양에 가까이 갔을 때 어떻게 더 빠르게 움직이는지를 설명하는 놀라운 법칙을 발견했다.

행성에서 태양까지 선을 그으면 그것은 동시에 같은 지역을 따라갈 것이다.

만약 두 개의 그림자 부분이 같다면 행성이 A에서 B까지 가는 데 걸리는 시간과 C에서 D까지 가는 데 걸리는 시간이 같다.

빨리 / 천천히

케플러는 매우 영리한 사람이었지만 인생은 형편없었다. 한때 부인이 마녀로 몰려서 화형당할 뻔한 것을 구해 주기도 했다.

몬스터 별들

태양계가 비어 있다고 생각한다면 우주의 나머지 공간은 더 비어 있다! 우리 태양계의 태양에서 가장 가까운 별은 프록시마 켄타우리라는 별로, 태양에서 4.2광년 떨어져 있다.

만약 아직도 노란 나무에서 750미터 떨어진 곳에 사과와 포도를 쥐고 서 있다면 노란 나무 옆 어디쯤에 프록시마 켄타우리를 칠해야 할지 생각해 보자. 그것은 200,000킬로미터 떨어진 곳으로 달까지 거리의 절반 정도가 된다!

지구 침략보다 더 재미없는 이야기야!

대신에 좀 더 재미없는 노래를 만들어 보자.

불러어어어!

야아아.

프록시마 켄타우리

(프록시마 켄타우리에서 오는 버릇없는 신호들은 걱정하지 말도록. 신호가 우리에게 도착하는 데는 4.2년이 걸린다. 누가 신경이나 쓰겠어?)

1광년은 빛이 1년 동안 여행할 수 있는 거리를 말한다. 빛의 속도= 300,000km/1초
광년 = 9,500,000,000,000km
또는 5,900,000,000,000mile

우리의 태양은 그저 작고 노란 왜성이다. 만약 두 개의 초거성이 보고 싶다면 오리온자리를 찾아보도록. 오리온자리는 매우 독특한 모양을 가지고 있어서 지구 어디에서라도 12월과 3월 사이의 밤하늘에서 볼 수 있다.

남쪽 끝에서 밝게 빛나는 별은 리겔이다. 리겔은 파란색 초거성인데, 태양보다 지름이 70배 정도 크고 40,000배 더 밝다. 몇몇 다른 별도 조금 더 밝아 보이긴 하지만 그것은 리겔보다 우리에게 더 가까이 있어서 그렇게 보이는 것이다. 리겔은 지구에서 773광년 떨어져 있다.

오리온자리

베텔기우스

리겔

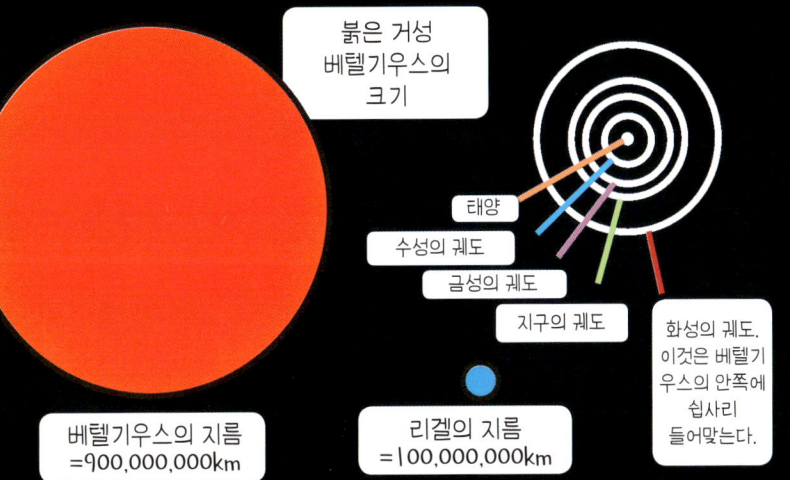

붉은 거성 베텔기우스의 크기

태양
수성의 궤도
금성의 궤도
지구의 궤도
화성의 궤도. 이것은 베텔기우스의 안쪽에 쉽사리 들어맞는다.

베텔기우스의 지름 =900,000,000km

리겔의 지름 =100,000,000km

만약 리겔이 크다고 생각한다면 베텔기우스는 그야말로 괴물이다. 베텔기우스는 붉은 주황색 별로 오리온자리의 북쪽 끝에 있으며, 겨우 427광년 떨어져 있다. 우리의 태양보다 지름이 650배 큰데 이것은 화성의 궤도 크기보다 크다.

숫자 1이 지구를 지배하는 방법

만세! 은하수를 빠져나왔어!

우리 모두는 끔찍한 수학의 뒤쪽에 남아 있어!

사실 끔찍한 수학을 빠져나갈 길은 없다. 역사나 프랑스어, 지리 같은 다른 과목은 심오한 우주에서 많은 의미를 갖고 있지 않다. 하지만 1+1은 누가 뭐라고 해도 아직 2이다. 그리고 우리의 작은 숫자 1은 당당히 우주를 조정한다. 1이 피보나치 수열에서 어떻게 시작했는지 기억나지? 그리고 그것이 등각나선을 이끌어냈다는 것도(기억이 잘 나지 않는다면, 59쪽을 보자).

우리 은하에는 400억 개 이상의 별이 있다. 그것들은 어떤 모양일까? 바로 등각나선이다.

사악한 사실들

레고는 지금까지 약 4,000억 개의 조각이 만들어졌다. 그 수를 똑같이 나눈다면 전 세계 인구가 각각 62개의 레고 조각을 가질 수 있다. 400억 개의 레고 조각으로 만든 탑은 달까지 닿는다. 만약 여섯 개의 평범한 레고 조각(위쪽에 여덟 개의 스터드가 있는 것들)이 있다면 그것을 조립할 수 있는 방법은 약 9억 1,500만 가지다.

하늘에는 전 세계 바닷가와 사막에 있는 모래 알갱이보다 열 배는 많은 별이 있다. 좋은 망원경으로는 약 70섹스틸리언 개의 별을 볼 수 있는데, 섹스틸리언은 7 뒤에 0이 22개 붙는 것이다. 하지만 이것은 전 우주에 있는 별의 개수에 비하면 너무나 작은 숫자일 뿐이다!

끔찍한 수학으로는 아직 모자라는 거야? 거의 나만큼이나 사악하군! 내가 알려 주는 사악한 사실들을 확인해 봐!

키스 한 번에는 40,000마리의 기생충과 250종류의 박테리아, 그리고 0.45g 이상의 지방이 포함된다! 그래서 만약 키스를 2,222번 한다면 몸무게가 1kg이 늘어나게 된다.

이것은 300억 개의 작업 부품을 가지고 있으며, 메모리는 약 4,000기가바이트, 40헤르츠로 작동되는 데이터버스(컴퓨터의 데이터 전송 회로 장치)를 통해서 매일 86,000,000비트의 데이터를 처리한다. 2,000,000 가지의 컬러 속에서 25프레임/초의 초점으로 100,000픽셀의 이미지를 처리한다. 이것은 무엇일까? 바로 여러분의 뇌!

전 세계 80%의 지퍼가 한 마을에서 만들어진다! 해마다 중국의 콰이아토우 사람들은 지구를 다섯 바퀴 돌고도 남을 지퍼를 만든다. 또한 1년 동안 전 세계 총 생산량의 약 60%가 되는 150억 개의 단추도 만들고 있다.

언제나 거의 50만 명 정도의 사람들이 비행기를 타고 있다.

평균적으로 사람들은 1년에 $2\frac{1}{2}$일을 변기 위에서 보낸다.

18cm인 일반 연필은 약 55km까지 선을 그을 수 있는데, 그 선의 너비는 약 1.5mm이고 두께는 1mm의 400만 분의 1정도이다.

수학이 모두 모여 수근수근

1판 1쇄 발행 | 2019. 12. 5.
1판 5쇄 발행 | 2024. 10. 28.

샤르탄 포스키트 글 | 로브 데이비스 그림 | 김재영 옮김 | 천무현 감수

발행처 김영사 | **발행인** 박강휘
등록번호 제 406-2003-036호 | 등록일자 1979. 5. 17.
주소 경기도 파주시 문발로 197(우-10881)
전화 마케팅부 031-955-3100 | 편집부 031-955-3113~20 | 팩스 031-955-3111

값은 표지에 있습니다.
ISBN 978-89-349-9866-2 74080
ISBN 978-89-349-9797-9 (세트)

좋은 독자가 좋은 책을 만듭니다. 김영사는 독자 여러분의 의견에 항상 귀 기울이고 있습니다.
전자우편 book@gimmyoung.com | 홈페이지 www.gimmyoung.com

이 도서의 국립중앙도서관 출판시도서목록(CIP)은 서지정보유통지원시스템
홈페이지(http://seoji.nl.go.kr)와 국가자료공동목록시스템(http://www.nl.go.kr/kolisnet)에서
이용하실 수 있습니다. (CIP제어번호 : CIP2019032378)

| 어린이제품 안전특별법에 의한 표시사항 | 제품명 도서 제조년월일 2024년 10월 28일
제조사명 김영사 주소 10881 경기도 파주시 문발로 197 전화번호 031-955-3100 제조국명 대한민국
사용 연령 11세 이상 ⚠주의 책 모서리에 찍히거나 책장에 베이지 않게 조심하세요.